破壊と構築

［ハイデガー哲学の二つの位相］

門脇俊介

東京大学出版会

Destruktion und Konstruktion
Zwei Aspekte der Philosophie Heideggers
Shunsuke KADOWAKI
University of Tokyo Press, 2010
ISBN978-4-13-010118-9

ヒューバート・L・ドレイファス教授と
亡きリチャード・ローティ教授に捧げる

To Professor Hubert L. Dreyfus,
and the late Professor Richard Rorty dedicated

はじめに

主著『存在と時間』（一九二七年）を中心とするハイデガーの哲学が、両世界大戦間の不安の時代を背景としたいわゆる「実存主義」の哲学ではなくその初期から晩年の思索に至るまで、西洋哲学の大きな潮流である「存在論」を革新しようとするものであったことは、すでにハイデガー研究者のみならず、研究者以外の知識人にとっても常識になりつつある。そのとき、「存在論」とはどのようなことを意味するのか。存在論が、あらゆる個別諸科学の対象に共通で普遍な存在を探究するものであり、それゆえに他の学問とは異なった「第一の学」であるとみなされるなら、科学や学問を存在論に基礎づけようとする伝統的な形而上学者のイメージをハイデガーに投影していることになる。

だが、ハイデガーのテクストのなかでは、「存在論」は決して単一の指導理念として機能しているわけではなく、むしろコンテクストに応じた複数の位置価をとっている。

『存在と時間』という書物をひもとく読者を最も困惑させるのは、この書物の提示しているさまざまな概念や問題設定が、われわれに親しい伝統的な概念や問題設定からは理解しづらく、それどころかまったく共通する要素を欠いているように見えることである。そこにはなじみの主観／客観、認識／行為、感性／理性、というような伝統的な対概念が見当たらないというだけではない。心身問題、外界の問題、他我問題といった、現在も姿をかえて哲学者たちのあいだで論じられている重要な話題が、この大きな著作のどこでも主題になっていないのである。主観／客観、認識／行為、心／身体などの従来の基本的区別の妥当性を停止し、ハイデガー自身の存在論的カテゴリーへと還元するか、そうした基本的区別が擬似的であることを示すような手続きを「存在論的中立化」と名づけることができよう。『存在と時間』の存在論は、伝統的概念・区別の効力をいわば「減圧」して、哲学の新しいボキャブラリーを創出する装置としての価値を持っているのである。ハイデガーの存在論は、その始めから終わりまで、「哲学を再び統治者の座に君臨させる」（ハバーマス）ことを目指した第一哲学のもくろみではなく、その見かけとは正反対に、普遍的で永遠とみなされてきた哲学の伝統的な言語圏からの破壊的な離脱[1]の装置なのである。このようなハイデガー哲学の「破壊」の位相が、デリダの脱構築や、現代思想のテクスト解体的な読みの傾向の発想の源になっていることは疑いない。

ハイデガーの存在論のこの破壊的位相を明瞭にしたのは、リチャード・ローティであって、彼は、実在についての究極的なボキャブラリーによる普遍的共約性を求める、西洋の中心的哲学を（存在論、知識論を問わず）「体系的哲学」と呼び、どのように実在を正確に表象するかを哲学の唯一の問題だとみなさず変則的な新しいボキャブラリーによって世界を再解釈することを試みる「啓発的哲学」と峻別する。啓発的哲学者のなかには、ハイデガーのみならず、デューイや後期ウィトゲンシュタインも含まれる。

このようなハイデガーの存在論の破壊的傾向（ハイデガー哲学の第一の位相）は、西洋形而上学全体を存在忘却の歴史であると批判的に裁断する後期ハイデガーの思索にまでつながっていく。

しかしながら、ハイデガーの存在論の破壊性は、単なる破壊を超えて新しいボキャブラリーを創出することによって、従来の体系的哲学を革新する見通しをも与えてくれる。ハイデガーの哲学は、従来の思想の単なる破壊なのではなく、現代の哲学や人間科学に対する積極的な批判、提案を含んだ対話的な構築的思考でもありうる（ハイデガー哲学の第二の位相）。

本書の第Ⅰ部では、『存在と時間』に現れた破壊的位相をおもに「存在」ならびに「志向性」という概念を取り上げて考察する。

続いて、第Ⅱ部から第Ⅳ部では、従来の第一哲学や破壊的存在論という大げさなイメージのもとに隠されがちであった、ハイデガーの構築的思考が、現代哲学や、現代人間科学に対してどのような意味を持っているのかを探究する。この本の探究の重心は、この「構築」の方向に傾いていると言ってよい。

第Ⅱ部では、よく知られているようにハイデガーの哲学が人間の知的・行為能力を人工知能によって再現できるとする、人工知能信仰に対する強力な批判者となりうるだけではなく、認知科学の第三世代やユビキタスコンピューティングの思想、認知神経科学の新たな展開を（批判を含みつつ）先取りしていることを明らかにし、さらに、ハイデガーのテクノロジー論を彼の（積極的な）存在論の文脈のうちで解明しようとしている。

第Ⅲ部では、ハイデガーの存在了解の分析が、現代哲学の一つの重要な焦点である「行為論」と十分な対話を交わし、行為論の革新に対して貢献できるだけの発想の資源を備えていることを示そうとしている。

第Ⅳ部の二つの論考は、現代の体系的哲学を代表する英語圏の分析哲学とハイデガー哲学の関係をやや歴史的な角度から評論したものであり、ハイデガーの構築的位相を議論するための背景を描き出している。

以上のような議論の展開によって、ハイデガー哲学の持つ破壊と構築という二つの位相が明らかにされ、同時にまたその現代的意義が理解されるようになることを望んでいる。

注

（1）「破壊 Destruktion」と「構築 Konstruktion」という本書の標題をなす語は、よく知られている通り一九二七年の講義、『現象学の根本問題』（HGA Bd. 24）の冒頭、§5にハイデガー自身により存在論／現象学の方法として明瞭に提示された概念を意味することを注記しておく。

破壊と構築／目　次

第Ⅱ部　認知科学とテクノロジーとの対話

第Ⅳ部　現代の分析哲学との交錯

第I部　破壊としての存在論と哲学の新しいボキャブラリー

第1章　哲学の新しいボキャブラリーの創出

1　ハイデガーと存在論

第一の学としての存在論

哲学という人間の知の営みにおいては、いくつかの問題群を解く試みが「存在論」という名で一括りにされて特別な地位を与えられてきた。「あるように見えるにすぎないものと本当にあるもの（実体）とはどのように区別されるのだろうか」、「あるということの原因はどこに求めたらよいのか」、「そもそも《ある》という言葉の意味をどのように理解すればよいのか」、……。この世界内のどんなものでもそれをわれわれが理解しようとするなら、《ある》についての理解が必ず伴われている。そのものは、何か――人間や石や愛――であり、またあるかないかのいずれかであるからだ。だから、「ある＝存在」は最も普遍的な概念であって、その「普遍的な概念」を主題とする学問は、物理学や生物学や法学のようなあるものの特殊な領域を扱う学問とは断然異なった特権性を持つ「第一の学」なのだ、と。

一九二七年にハイデガーが『存在と時間』を世に問い、この書物の目的がこれまで忘却されていた「存在」への問いを再び活発にすることだと宣言したとき、そうした「第一の学」のプログラムが再び軌道に乗り始めたのではないか、と考えた人もいたに違いない。事実、ハイデガーは、存在への問いが、自分の存在をいつも問題にしている人間のあり方からしても必要だというだけではなく、さまざまな存在者の存在領域を画している学問的な基礎概念を明瞭にするためにも要求されているのだ、と力を込めて語っていた(1)。だが、一方でわれわれは、込み入った事情がそのプログラムをめぐって生じてしまったらしい、ということを二十世紀哲学史の常識として知っている。時間という考えから存在の意味を解明すると予告されていた『存在と時間』の残りの部分は、結局書かれなかったし、ある時期から以降のハイデガーは、「第一の学」としての存在論というアイデアなど放棄してしまったらしい。

このような事情を「現象学から存在の思索へ」という標語を使ってまとめたり、また、「道であって、作品ではない」というハイデガーの指示に従って、ハイデガーの思想の全体を存在への問いの未完の歩みとして叙述し直してやる、といったハイデガー解釈の試みも、当然のことながら数多く積み重ねられてきている。だが私は、こうした点に関して、ハイデガーの存在論についての従来の多くの解釈は、「存在論」という問題をやや一本調子に受け止めすぎていたのではないかと考えるようになっている。第一哲学の計画書であるような「存在論」のもくろみとその挫折、というようなこれまでの解釈図式では、ハイデガーの存在論的テクストの織りなす図柄を十分に知覚することができないのではないか。ハイデガーのテクストのなかでは、「存在論」は決して単一の指導理念として機能しているわけではなく、むしろコンテクストに応じた複数の位置価をとっているのではないか。本章ではこのことを、『存在と時間』（およびこの著作に時期的に近い講義）のテクストのなかで確かめてみよう。

存在論的中立化

『存在と時間』という書物をひもとく読者をもっとも困惑させるのは、この書物の提示しているさまざまな言葉や問題設定が、われわれに親しい伝統的な概念や問題設定からは理解しづらく、それどころかまったく共通する要素を欠いているように見えることである。そこには、おなじみの主観／客観、認識／行為、感性／理性、というような伝統的な対概念が見あたらないというだけではない。心身問題、外界の問題、他我問題といった、現在も姿をかえて哲学者たちのあいだで論じられている重要な話題が、この大きな著作のどこでも主題になっていないからである。もしそのような問題にハイデガーが言及することがあったとしても、その問題は一種の疑似問題にすぎない、ということを示すためなのだ。

例えば「了解」（Verstehen）という言葉は、『存在と時間』の存在論が現存在の存在了解に立脚すると主張されている以上、この書物の中枢をなす言葉であろう。ところが、この言葉をわれわれの手持ちの哲学的概念によって理解する道は（今もなお）閉ざされているように見えるのである。この言葉をディルタイ流に、自然科学的な「説明」（Erklärung）と並ぶ精神的生の内的把握とみなすことはもとより否定されているし、行為者をその目的や意図を通してとらえるというような他者・自己理解の単なる認識モデルとも解することはできないのである。了解は、現存在の存在を現存在の「目的であるもの・主旨」（Worum-willen）へと企投する、という意味で現存在の可能性にかかわるのだとすれば、何か行為に関する事柄がここに含まれているのではないかと考えられるからである。もちろん、未来の可能性に向けられた自己了解が認識を欠いたまったく盲目なものであることも否定されているから、了解の問題を身体運動としての行動の問題へと還元することもできない。認識と行為の両価性を含んだ「了解」という言葉の投げかけてくる問題を首尾よく解き明かすことは、解釈者に課された大きな宿題のひとつとなっている[2]。

あるいはまた、内的な意識の外に意識とは独立の「実在」を認めるべきか否かという古典的な「外界の問題」に対して、ハイデガーは非常に冷淡な態度をとる。外界を表象する自足的な心と、心から独立している実在との関係を問題にするとは、表象の機能に限定された特殊な主体を物理学的に限定された事物と同列に置いて、両者をさらに関係づけようとすることである。だがこれでは、主体がどのように世界のうちにあるのか、ということが、非常に狭く特定の存在理念のもとで覆い隠されてしまう。だからハイデガーは、カントによる「外界の存在証明」を論評しながら、次のように語るのである。

> 《哲学のスキャンダル》は、この〔外界の存在〕証明の決着がまだついていないことに存するのではなく、そのような証明が幾度も期待され試みられている、ということのうちに存する。そのような期待、もくろみ、要求は、《世界》がそれから独立しかつその外部に事物的に存在するのだと証明され

るべき、その当のものを、存在論的に不十分な仕方で発端に置くことから発しているのである。証明が不十分なのではなく、証明を行いかつ証明を要求している存在者の存在様式が、十分に規定されていないのだ。(3)

表象する心から世界が独立であるか否かを問うことは、心と名づけられた主体の存在を問わずにおくことの半面にすぎないのである。

伝統的概念や問題設定を解体しようとする傾向は、『存在と時間』というテクスト全体を覆いつくしていると言ってもよいだろう。特に、哲学や倫理学が知や道徳の「基礎づけ」のために訴えていた「正当化」(justification)の文脈が、まったく機能を失ってゆくのである。判断としてのある認識が「正しい」と言えるときの条件は何か、というような知識論の問いかけや、ある道徳的な判断は何によって正当化されるのかという問いも、現存在の存在分析にとっては二次的なもの、それどころかどうでもよいものという様相を呈してくる。道具を使うというような現存在のふるまいも、世界を開示する以上「真理」と呼べるものであり、また、現存在の選択しうる本来性／非本来性という可能性の区別も、道徳的正当化の問題であるよりは、存在論的にどの程度現存在が開かれているかに関する区別だと解されるからである。

主観／客観、認識／行為、心／身体、などの従来の基本的区別の妥当性を停止し、ハイデガー自身の存在論的カテゴリー―― Existenzial と呼ばれるもの――へと還元するか、そうした基本的区別が疑似的であることを示すような手続きを「存在論的中立化」と名づけよう。『存在と時間』の存在論は、伝統的概念・区別の効力をいわば「減圧」して、哲学の新しいボキャブラリーを創出する装置としての価値をもっているのである。ハイデガーの存在論は、その始めから終わりまで、「哲学を再び統治者の座に君臨させる」（ハバーマス）ことを目指した第一哲学のもくろみ、「同一性の哲学」（レヴィナス）による権力的支配のもくろみであるわけではない。それは、当初の見かけとは正反対に、普遍的で永遠とみなされてきた哲学の伝統的言語圏からの離脱の装置なのである。

2　体系的哲学と啓発的哲学――ローティの区別

このような、ハイデガーの存在論の否定的で破壊的な位置価を正当に評価する仕方を教えてくれているのは、リチャード・ローティであろう。ローティが、『哲学と自然の鏡』（*Philosophy and the Mirror of Nature*, 1979）のなかで、「体系的哲学」（systematic philosophy）と「啓発的哲学」（edifying philosophy）とのあいだに設けた線引きが有効なのである。

西洋哲学の主流をなす体系的哲学

ローティは、よく知られている通り、この書物のなかで、近代哲学の特徴を次のようなものとしてとらえる。とりわけデカルトとロックの仕事以来、哲学を他の学問・科学とは区別されたものとなす課題は、知識の基礎を正確に認定するという意味での知識論であった（この点はカントによって主題的に把握され、新カント派においてほぼ確立された）。すなわち哲学は、知識を可能にする「心」や「表象」（representation）のはたらきの研究であって、哲学の問題は何よりも、自然をどのように「鏡」として表象するかという、知識の確実性や正当化の問題だとされるわけである。デカルトがもっとも確実な知を意識内の表象である「観念」のうちに求め、カントが自然認識の「可能性の制約」を理性批判として追求したのは、その典型であろう。

知識論であることに他の学問と哲学との差異および哲学の特権性を見る——このような伝統的な哲学の自己主張は、フレーゲ以来のいわゆる「言語論的転回」によって必ずしも廃棄されたわけではなく、むしろ、分析哲学の内部でも、言語哲学を知識論の「後継学科」（successor subjects）とみなして、哲学の特権性を生き残らせようとする発想も生まれてくる。その場合には、知識の担い手が単なる観念や判断から「言語（文、命題、……）」へと変えられただけで、自然を映す知識としての「表象の正確さ」という考え方はもとのままなのである。このように知識（表象としての）を、人間の活動のパラダイムとし、実在についての究極的なボキャブラリーによる普遍的共約性を求める西洋の主流の知識論中心の哲学が、「体系的哲学」である。その代表は、カント、ラッセル、フッサール、カルナップといった人々で、彼らの求めるところは、認識論的にもっとも進歩したモデルによって他の文化の領域を作り直すことなのである。

啓発的哲学

これに対して「啓発的哲学」とは、どのように実在を正確に表象するかを哲学の唯一・根本的な問題系とすることに懐疑的な発想をもつ人々の言説群を意味している。表象と正当化の言語を唯一真正な哲学的言語とみなさない彼らは、現存する科学の言語を神聖化することにも反対するし、科学の最新の言語といえども歴史的に与えられてきた、そしてまた与えられるであろう無限の世界記述のボキャブラリーの一つにすぎない、と考える。ローティは、二十世紀における啓発的哲学の代表者として、デューイ、後期ウィトゲンシュタイン、後期ハイデガーの名を挙げるが、彼らは正当化の言語に縛られない（伝統的哲学から見れば）変則的なボキャブラリーを創始して、われわれが自由な知の会話に参加することを助けるのである。ローティは次のように言う。

> しかし、別の場合には、この〔啓発しようとする〕試みは、いわば解釈学をひっくり返してしまうことになるような新しい目的、新しい言葉、新しい学問を考え出そうとする「詩的な」活動でもありうる。つまり、これは、なれ親しんだわれわれの世界を新しい発明による見なれぬ用語によって再解釈しようとする試みにほかならない。いずれの場合でもその活動は、〔啓発と建設という〕二つの言葉の語源的関係にもかかわらず、建設的であることなく啓発することである。もっとも、ここで「建設的」（constructive）とは、少なくとも、通常的言説のなかで生じるような研究プログラムの遂行への協力を意味している。というのも、啓発的言説に要求されているのは、変則的であることであり、見

なれぬというその力によって、われわれを古い自我から連れ出し、われわれが新しい存在となるのに力を与えてくれることだからである。(4)

啓発的哲学としての『存在と時間』

ここまでの説明からすれば、『存在と時間』における「存在論的中立化」の手続きを、表象と正当化の言語を唯一真正な言語とみなさない、という啓発的哲学のカテゴリーに当てはめることに無理はなさそうである。人間の「心」や「意識」といった、従来世界を表象する機構と目されていたものに対するハイデガーの徹底的な抵抗は、ローティ自身の表象する「心」の消去の態度と一致するし、何より認識と行為の関係についてのハイデガーの処置は、従来の体系的哲学の問題系への基本的な反撃を含んでいる。『存在と時間』の読者の困惑は、この著作の失敗や欠点に由来するのではなく、新しい変則的なボキャブラリーを用いて伝統と対峙しようとする存在論の「啓発的」位置価の当然の帰結なのである。

だがローティは、啓発的哲学者の一人として、なぜ『存在と時間』の著者としてのハイデガーではなく、後期のハイデガーの名を挙げたのだろうか。その理由は、ローティが『存在と時間』のなかに、彼が「体系的」と名づけた要素をかぎつけたからにほかならないだろう。『存在と時間』のハイデガーは、存在者の存在を探究するという彼の「基礎的存在論」の企みにおいて、存在者の「可能性の制約」を求めるという伝統的な言語にいまだ従っているからであり、そのような言語は後期の自己批判においてようやく放棄されるにいたったものだからである。(5) このローティの示唆に、私はおおむね賛成である。

『存在と時間』の存在論は、啓発的な位置価を一面で示すと同時に、普遍的な第一哲学たらんとする体系的な位置価をも保持し続けている。この点を否定することはできないし、『存在と時間』の存在論の解釈を難しくしているのも、このような両価性なのだと思う(6)。次に、『存在と時間』の存在論のこの体系的位置価について論じてみよう。

3 『存在と時間』の存在論の体系的位置価

Be 動詞の意味論

最初に触れたように、従来の伝統に従って考えても、存在論は、ある単一の問題をめぐって生じているのではなく、いくつかの問題を解く試みにつけられた名称である。その問題群のうちでも《ある》という言葉の意味をどのように解すべきかという、Be 動詞（ドイツ語ならば Sein 動詞）の意味論は、伝統的な存在論的な考察においても、ある主導的な位置を占めてきた。アリストテレスは、「aはPである」という述定文における《である》が、主語aに述語Pを帰属させる「繫辞」(copula) としてはたらいている点に注目して、存在論の基本問題を展開する。「Pである」という述語的存在は、「赤である」、「一メートルである」、「人間である」など多様な形態をとりうるが、このような形態のうちでも「人間である」のようないわゆる「実体」(ousia) を意味するものは、それなしには他の述語的存在が存立しえない第一義的存在である(7)。ここから彼はさらに、述定的な言語上の存在の区別を存在者自身の

区別へと転用して、本当にあるものやあるものの原因について語る、西洋形而上学の創設者の一人にもなるのである。(8)

もちろん、Be動詞の意味は、アリストテレスがもっぱら定位したような、《である》の用法に限られているのではない。少なくともわれわれは、さらに二つのBe動詞の意味を知っているだろう。一つは、「高さ三、七七六メートルの山がある」という場合のような、通常「存在」(existence)と呼ばれている《がある》の意味である。もう一つは、「明けの明星は宵の明星である」が「明けの明星は宵の明星と同一である」の省略形として用いられることからもわかるように、「同一性」を表す《である》のことである。

ハイデガーのBe動詞理解

同じBe動詞がこのようないくつかの意味をもっているということは、単なる偶然であろうか。それとも、そのいくつかの用法の根底には、それらを可能にする統一的な意味や基礎が存しているのだろうか。ハイデガーは自分の存在論の課題の一つとして、このような基礎を明らかにすることがあると考えていたようである。例えば彼は „Der Himmel *ist* blau“ や „ich *bin* froh“ などの文におけるBe動詞の平均的理解が、彼の考える「存在」(Sein)理解だということを認めた上で、そのような存在理解が存在の意味の理解を要請しているのだと述べるのである。(9) この点は、一九二七年の講義『現象学の根本諸問題』(10)のなかでは、もっとはっきりと表明されている。ハイデガーはこの講義のなか(第一部第四章)で、「繫辞」としてのBe動詞の理解が、直接存在了解の問題にかかわっているにもかかわらず、論理学の問題に解消されてしまっていることに異議を唱え、従来の「繋辞」に関する学説を一覧した上で、Be動詞問題を彼なりに再解釈しようとするのである。

ただ、ここで扱われている、アリストテレスから十九世紀のロッツェにまで至る繋辞の解釈の歴史は、先に挙げたBe動詞の三つの意味の一つであるような繋辞の解釈の歴史なのではなく、判断に現れるBe動詞を一般にどのように理解すべきかという「Be動詞の意味論」の歴史である。例えばホッブズは、「物体は可動的である」における《である》を、「物体」や「可動的」のような主語・述語が同一の事象に規定として関係づけられているのだという、「何であるかという存在」(Wassein) として解釈する。またミルは、これとは異なるBe動詞の二つの意味を考えている。一種の分析的判断である「ケンタウルスは、上半身は人間、下半身は馬の生き物である」における《である》は、名辞の定義を述べる「意味する」に近い意味で用いられている。他方でわれわれが、「ソクラテスは正しい」と述べるときには、ソクラテスが実在していることが肯定されていて、「存在」としてのBe動詞の意味を区別してやらなければならないのである。さらにロッツェは、繋辞のうちに、主語と述語の結合だけではなく、その結合がそのとおり真であるとみなす契機があるとした。この発想は、真理としての存在について述べたアリストテレスの伝統に連なるものであり、(ハイデガーは語っていないが) フレーゲのいわゆる「主張」の概念を予想するものである。

Be 動詞の多義性の統一根拠へ

ハイデガーは、Be 動詞がこのような「何である」、「がある存在」、「意味する」、「結合」、「真理存在」などの多様な意味で語られてきたことにとどまることができない。Be 動詞の両義性を混同する者は、哲学を神秘主義に押しやることになるというミルの警告に反対して、ハイデガーは次のように述べる。

これからの解明の途上でわれわれは、この〔Be 動詞の両義性の〕問いがどういうことになっているか、繋辞がどの程度両義的でかつおそらくは多義的ですらあるのかを、見ることになろう。しかし、まさにそれゆえに、このような多義性の統一的根拠を問うという問題が必須なのである。〔Be 動詞という〕同一の単語の多義性は、決して偶然ではないのである[11]。

Be 動詞の多義性の統一的根拠への問いには、Be 動詞を含む言表や判断についての、ハイデガー独特の解釈を用いて、答えが用意される。ある言表をなすことは、世界内の存在者を規定しつつ「提示する」（aufzeigen）ことだとハイデガーは考える。そのような提示が可能であるためには、すでに現存在が実存して、規定され提示される存在者を了解していなければならない。言表においては、存在者を「あらわにする」（enthüllen）現存在の存在了解が表明されているのである。したがって、表面上は Be 動詞の意味が不定で多義的であると見える事態も、現存在のより根源的な存在了解がどのように存在者をあらわにするのかに関して、すでにある分節化をこうむっていることを反映しているのである。《ist》がその意義の上で不定でありうるのは、存在者を第一次的に了解することにおいて、異なったさまざまな存在様相がすでに固定されているからなのである[12]。

Be動詞の多義性の問題を、現存在の「あらわにする」存在了解へと立ち返ることによって解決しようとするハイデガーの試みは、結局、Be動詞の多様な意味のうちに現れていた「真理存在」に注目して、「多義性の統一根拠」を理解しようとすることであろう。しかし、このような試みは成功するであろうか。Be動詞の多義性という意味論的な問題を現存在の存在了解の多様性の問題へと還元することは、可能であろうか。たしかに、ある言葉の意味の理解が世界内存在する存在者の志向性を前提にしている、という考え方ならば検討に値する未解決の重要な提案であり、ハイデガーはそのような提案なら行っている。しかしその提案は、意味のレベルでのBe動詞の多義性を説明してはいないし、その多義性が「真理存在」に還元されるのだということも説明してはいないのである。

トゥーゲントハットの試みと挫折

ハイデガーが提出したBe動詞の「多義性の統一」の問題を、存在論におけるもっとも緊急の問題として受け止めたのは、エルンスト・トゥーゲントハットであろう。この問題を解決するために、彼は当初、「繋辞」、「存在」、「同一性」の現れるどの文についても、その文を《nicht/not》のような否定辞で否定できることに注目した。このとき三種類の文において共通に否定されているものは、それぞれの文が「真」であるという主張にほかならず、この意味での「真理存在」がどの文にも含まれていて、Be 動詞の三種類の用法を統一するものなのではないか、と考えたのである(13)。

だが残念ながら、この試みは、トゥーゲントハット自身によって撤回されることになる。もしわれわれが、フレーゲのなしたような命題内容としての「思想」(Gedanke)とその命題内容が真であると断定する「主張力」(behauptende Kraft)との区別に注意を払うならば、Be 動詞を用いた文において否定を通して現れてくる「真理存在」に、繋辞や同一性や存在を統一するというような過大な要求を課すことはできないということがわかる。例えば、フレーゲ的なシェーマに従えば、「ハイデガーは一八八九年に生まれた」という断定文には、《ハイデガーは一八八九年に生まれた》という命題内容pと、pが真であると主張する力Mという二つの契機が含まれていて、M(p)と記号化することができる。このとき、「ハイデガーは一八八九年に生まれなかった」という否定文は、トゥーゲントハットが当初考えたように真理要求に関わるMを否定するのではなく、むしろpを否定するのである。そうでなければこの否定文は、なんらかの主張をもたないということになるだろう。「否定可能性」は真理要求にかかわらないのだから、当初のように統一的な真理存在の基準として用いることはできない(14)。そもそも、繋辞、同一性、存在という命題内容に関する諸構造を主張力によって統一するということは、無理な相談であろう(15)。

このようなトゥーゲントハットの最終的な結論は、私には避けがたいものであるように思われる。ただし、トゥーゲントハットがそれによってハイデガーの存在論の全体を評価しえたと主張するなら、彼の評価は一面的であるだろう。『存在と時間』の存在論の体系的位置価をBe動詞の「多義性の統一」の問題圏のうちで計った場合にのみ、彼の評価は正当なのである。それではわれわれは、どのような他の体系的位置価を『存在と時間』のうちに読み取ることができるであろうか。ごく手短に述べておこう。

4 「可能性の制約」という考え方

Be動詞の意味論から発した問題は、『存在と時間』のなかではどちらかといえば前面に現れてこない。むしろ存在論の問いを主導するのは、存在（Sein）と存在者（Seiendes）の「存在論的差異」という考え方であり、存在者の存在を問うという手続きは、Be動詞の問題とは直接はかかわらない形で進められていく。われわれの日常のあるいは学問的な営為は、ある個別の道具や物や他人という「存在者」との出会いであるだろう。それでは、われわれと個別的な存在者との出会いは、どのような仕方で可能になっているのか。ハイデガーの言う「存在」とは、多くの場合、こうした出会いを可能にするものにあてられた名である。

例えば、私が使っているこのペンは、どんな制約のもとで私に対して現れてくるのだろうか。ペンを構成している物質や私の運動能力・感覚能力、あるいはこうした能力の行使を可能にしている周囲の物理的状況などがそうした制約の候補として挙げられるだろう。しかしながら、このペンがペンとして現れてくる制約としては、今挙げたような条件ではまったく不十分だろう。ペンがペンであるからには、「書く」というような用途・行為が必ず予想されているだろうし、そのような用途には、書くことの文脈をなす私の行為の可能性や能力がどうしても結びついている。われわれとペンとの出会いを制約するこれらの条件は、しかし、われわれの心や意識のなかに存在しそこから物質に与えられる意味なのではない。これらの条件は、われわれが道具を使うさいには同時に、私と私の住む共同体のメンバーによって共有されているものであり、私だけが意識しているかに見える私の身体運動やそれが描き出す行為の可能性もまた、社会的な慣習や規範を背景にしてのみ意味を持つのである。ペンという存在者の存在をなすのは――私の心のなかにのみ存在することなど決してない――用途―目的―行為をめぐる社会的ネットワークの全体（コンテクスト）なのである。

道具のような存在者だけではなく、現存在と呼ばれる行為の主体、あるいはまた認識の対象としての物体についても、個別的な存在者の現出の可能性の制約という意味で、ハイデガーは「存在」を名指す。ここでは、「あるということの原因は何か」という古くからの存在論的な問いへの答えが、カント的な「可能性の制約」の概念を使って与えられている。[16] もちろん、行為の可能性や社会的規約や慣習という考え方によって豊かにされて。

『存在と時間』の存在論は、古くからある「存在」という言葉をめぐって描き出された複数の位置価の交錯の場所である。一方でその言葉は、伝統的で使い古された諸区別を廃棄する破壊的な装置として機能する。しかし他方でそれは、Be 動詞についての古代以来の戦いへと再び参戦を促すものであり、また同時に、近代哲学的な問題設定をさらに更新していくための道具でもある。ここから一つだけ何か教訓を引き出せるとすれば、次のようなことだろう。ハイデガーの、あるいは一般に哲学的テクストの解釈に課されているのは、著者が指定したとおりにその著作を読むことではなく、このような複数の位置価の存在するコンテクストを見きわめ、それらのコンテクストのあいだの関係を理解可能なものにしてやることなのだ、と。

注

（1）SZ, 8ff.

（2）例えば、ドレイファスらは、単に認識的でも実践的でもないような「根源的な」志向性を『存在と時間』のうちに読み取ろうとする。Hubert L. Dreyfus, *Being-in-the-World: A Commentary on Heidegger's Being and Time, Division I* (Cambridge, Massachusetts: The MIT Press, 1991) などを参照のこと。私自身も本書第8章で、この問題に戻っていくつもりである。

（3）SZ, 205.

（4）Richard Rorty, *Philosophy and the Mirror of Nature* (Princeton: Princeton University Press, 1979), 360.

(5) Rorty, *Contingency, Irony, and Solidarity* (Cambridge: Cambridge University Press, 1989), 109.
(6) 本書の標題『破壊と構築』もこの両価性の別名なわけである。
(7) Aristoteles, *Metaphysica*, 第七巻第一章。
(8) Ernst Tugendhat, *Vorlesungen zur Einführung in die sprachanalytische Philosophie* (Frankfurt: Suhrkamp Verlag, 1976), 46.
(9) SZ, 4.
(10) HGA Bd. 24, *Die Grundprobleme der Phänomenologie.*
(11) Ibid., 276.
(12) Ibid., 301.
(13) Tugendhat, *Philosophische Aufsätze* (Frankfurt: Suhrkamp Verlag, 1992), 33, 118.
(14) Tugendhat, *Philosophische Aufsätze*, 119; Tugendhat/Ursula Wolf, *Logisch-semantische Propädeutik* (Stuttgart: Philipp Reclam jun., 1989), 211ff.
(15) 主張力それ自体を真理存在と等置できるかという点に対しても、トゥーゲントハットは否定的である。《es ist so》という仕方で表されるような真理存在も、否定される可能性をもつのだから、否定不可能な主張力と同じだと考えるわけにはいかない、と。Tugendhat, *Philosophische Aufsätze*, 120.
(16) この点について詳しくは、門脇俊介『理由の空間の現象学――表象的志向性批判』(創文社、二〇〇二年)5章を参照していただきたい。

第2章　存在の物語、志向性の物語
——『存在と時間』の二つの顔

1　オイディプス王の「悲劇」

自らの父を、自らの父と知らずに路上で殺害して母を妻とし、その秘密を自ら明るみに出すことによって、悲劇のすべてを完結させ、ついに自ら盲目の淵へと沈んでいったオイディプス王の物語を、ハイデガーはある著作で、「仮象の悲劇」だと解釈した。(1) 事柄が隠されてある劇の開始からその悲劇的結末までを、隠されてあること、すなわち仮象と、あらわになっていること、すなわち存在との、戦いの過程だとみなし、すべてを明るみに出そうとして悲劇に直面するオイディプス王こそ、存在を明るみに出そうとする偉大なる情熱の人だと解するのである。ハイデガーによってこのように、「存在の真理の物語」としてとらえられたオイディプス王の物語は、名高い欲望の物語でもあるが、哲学者たちの間では、「志向性の物語」としてしばしば引用されてきた。オイディプスは、自らの父を殺すことを意図したわけではない、しかし彼は路上で出会った老人を殺すことなら意図していた。このことは意図という行為に関する最も基本的な志向性が、知識および言語と、どのような関係を取り結んでいるかについての典型的な例を提供しているのである。われわれは、オイディプスが自ら知って路上で出会った老人を殺すことを、彼がそう意図したということの必要条件とみなすし、そのさい、「自らの父を殺す」と「路上で出会った老人を殺す」という二つの記述の差異がオイディプスにどのような意図を帰属させうるかについて決定的であることをよく知っている。あるいはまたこの有名な物語は、指示に関して不透明な文脈を形成する文のための典型をも提供しているのであって、この「内包性（intensionality）」の概念は、「志向性（intentionality）」の判定基準としてしばしば取り上げられるものである(2)。

ハイデガーが「存在の物語」として解釈した同じ物語が、「志向性の物語」でもあることは、同一の素材が異なる解釈図式によって二つの仕方で解釈されただけ、なのだろうか。そうではないだろう。ハイデガーの主張するように、存在というものには「隠されてあること」から「あらわになること」への真理の運動性が本質的に属しているのだとすれば、人間においてこの事態に応じているのは、人間の知識や行為が、常にある一定の対象や可能性にのみかかわっていて決して全体的な透明性に至ることがないということであろう。志向性の蔵する指示の不透明性は、このような人間の側での制限的性格を表明しているはずであって、存在の真理の運動性が志向性と呼応しあっていることをむしろ証拠立てているように思える。

本章では、こうした二つの物語が、『存在と時間』のうちでも語られているのだということを示そう。

『存在と時間』の存在論、もしくは基礎存在論として構想された現存在分析は、既存のカテゴリーを徹底して解体しながら進んでゆく。そのような解体の進み方からすれば、物体的現象と区別された「心的」現象を特徴づける志向性の概念もまた、その二元論的起源のゆえに、他の諸カテゴリーと同様の扱いを受けるはずである。しかしにもかかわらず、『存在と時間』の現存在分析は、「志向性の物語」であることを決して止めることはない。あるいは次のように言い換えてもよいだろう。ハイデガーは『存在と時間』において、伝統的な哲学的概念を新しい存在論的なボキャブラリーのうちへと解消しようとする。しかしそのような存在論的一元化の試みは、ハイデガーの語るよりははるかに、従来の問題設定に依存しているし、ハイデガーが離脱しようとした哲学的伝統をむしろ豊かにする可能性さえ秘めている。私は、このような一種の緊張関係を形作っている点にこそ『存在と時間』の最大の魅力が存すると思う。『存在と時間』が同時に二つの物語であるということを、この書物の全体にわたって示すことはここでは不可能である。本章では、次の二つの課題を果たすことだけを心がけることにしよう。第一に、『存在と時間』の二重の性格をごく簡単にスケッチすること。第二に、志向性の物語として『存在と時間』を読もうとする近年の新しい解釈の試みを紹介し、それに対して簡単な応答を試みることである。

2　『存在と時間』の二重性

『存在と時間』の現存在分析の全体は、第1章で論じた「存在論的中立化」とでも呼ぶべき方法によって特徴づけられている。この「中立化」とは、主観と客観、心と身体、認識と行為、などの従来の基本的区別を一旦棚上げにし、ハイデガー自身の存在論的カテゴリーのうちへと還元するか、あるいはそのような区別が疑似的なものであることを示すような手続きのことである。例えばデカルトは、「我思う、ゆえに我あり」という命題によって近代哲学の幕を開けたが、彼においてはこの命題中の「我あり」という自己の存在の問題がまったく解明されないでいる。したがってデカルト的な「主観」概念を自明のものと受け取ることはできない。あるいはまた、シェーラーやフッサールが、決して対象化はされずに志向的なはたらきを遂行している「人格(Person)」の概念を、物体や実体といった概念に対立させて特別視しようとするのに対して、ハイデガーは反対する。志向的なはたらきを「遂行する」ということの存在論的な意味が明らかになっていないのだ、そして結局は「人格」の存在が存在論的に明らかにされていないのだ、と。総じて近代以来の人間把握は、「人間はロゴスを持つ動物である」と「人間は神の似像である」という規定を含む、伝統的な人間学に拘束され続けてきたのであって、ハイデガーはこうした人間学的構想を解体しつつ自らの存在論的カテゴリーへの還元を試みるわけである。ハイデガーの発言を引いておこう。

現存在の存在への問いを阻害したり誤った仕方で導くものは、古代的・キリスト教的人間学に一貫して定位することなのであり、人格主義や生の哲学もまたこの人間学の存在論的基礎が不十分だということを見逃している。(3)

このような存在論的中立化の手続きは、認識と行為という哲学における基本的対立にも及ぶ。世界が認識によって表象される一方で、行為はその表象に基づいて世界に対して因果的なはたらきかけを行うものだ、あるいは、真・偽という規定が認識に帰せられるのに対して、行為に対しては倫理的な善・悪という規定が帰せられるのだ、という二分法を、ハイデガーは解体してしまうのである。ハイデガーはまず、世界についてなんらかの表象が与えられそれに基づいて行為が生ずる、という図式をまったく転倒させる。われわれが日常世界とかかわるとき、そのような表象がまずわれわれに与えられるようなことはない。われわれは一種の技能的知識とでも言うべき「配視（Umsicht）」によって導かれ世界内で行動するのであって、単なる表象としての認識は、このような能力を欠く一種の欠損的認識にすぎないのだ。それだけではなくハイデガーは、判断としての認識に特権的に帰属させられていた真・偽の概念を、行為を含む世界内存在の全体にまで拡張してやる。真理は判断と対象の一致ではなく、現存在が存在者を「あらわにすること（entdecken）」なのであって、道具の使用のような行為も真理の担い手たりうるのだというわけである。

あらわにすることとは、世界内存在の一つの存在の仕方である。配視的な配慮的気遣いは、あるいは、留まりつつ眺めるような配慮的に気遣うことも世界内部的な存在者をあらわにしているのである。(4)

この同じ存在論的中立化によって、『存在と時間』の行為論が「脱倫理的」なものであることが可能になる。現存在の存在可能性として挙げられている「本来性」と「非本来性」の区別、という一見倫理的な当為にかかわるかのような区別を、ハイデガーは、どの程度自己自身の「存在」が開示されているかについての存在論上の区別だと言い通すからである。(5)

『存在と時間』の現存在分析が、存在論的中立化を通して自らを「存在の物語」として一貫して提示しようとしているこの試みは、はたしてどの程度成功しているであろうか。また、どの程度整合的なものであろうか。ハイデガーは後年、このような試みが『存在と時間』のうちでは不整合なものに終ってしまったことを告白している。

〔『存在と時間』において存在とのかかわりからのみ人間を規定しようとした試みが〕理解されなかったことの理由は、その試み自身のうちにも存している。その試みは、おそらく歴史的に生い育ってきたものであって決して《出来上がってしまったもの》ではないのだから、従来のものから生じてきているのである。ところがその試みは従来のものから解放されようと試みるが、そうすることによって必然的かつ恒常的に、従来のものが辿ってきた進路へなお引き戻すようにはたらき、あるまったく他なるものを語るために従来のものに助けを求めさえするのである。(6)

例えばハイデガーは、「世界内存在」としての現存在の存在構造を、包括的に「気遣い(Sorge)」という古い起源を持つ術語によって規定するが、この術語それ自体がすでに、「注意する」、「没頭する」といった心的な志向的なはたらきを予想させるものではないか。(7) もちろんハイデガーは用心深く事を進める。現存在の存在を「気遣い」だと規定したその箇所で彼は、気遣いを意志や欲求、衝動といった志向的現象に還元することはできない旨を宣言する。ただし気遣いとこれらの志向的現象はまったく無関係なものではなく、「存在論的には気遣いのうちに根拠を持つ(8)」として、実際にこれらの現象を気遣いから存在論的に解明する作業が遂行されるのである。だがそうだとすれば、現存在の存在が志向性の文脈のうちで理解されるべき現象であること、あるいは少なくとも、そうした文脈を理解するための基盤を与えるものであることが、そこで示されていると考えられるのではないか。ブレンターノがそうしたように、志向性を心的なものの特性とすることはもはやできないが、なんらかの仕方で「ふるまう」存在者としての現存在の根本特性としてなら、志向性ははっきりと承認されることになるのである。例えば次のような発言が示すとおりである。

現存在は実存するのであって、物のように事物的に存在するのではない。実存するものと事物的に存在するものを区別する特性は、まさに志向性のうちに存する。現存在が実存するということは、とりわけ、現存在が存在しつつ事物的存在者に対してふるまうという仕方で存在することである。(9)

こうしたハイデガー自身が認めている「志向性」の概念が、どのような性格のものであるのかが、近年の研究の一つの焦点ともなっているが、この点は次節で論ずることにしよう。ただ次のことは確認しておきたい。「志向性の物語」が現存在の分析論に今述べたような仕方で登場してくることは確かであるが、ハイデガーの場合には志向性の概念がその存在論によって徹底して見直されるのであるから、彼の「存在の物語」に不整合を指摘してやる必要はないのではないか。こう問われるかもしれないのである。しかし、「存在の物語」が、結局は「志向性の物語」に依存しているとしたらどうだろうか。存在論的中立化は実際には実行不可能なのではないか。そのとおりだと思うし、ハイデガーの先ほどの告白も、このことを指しているのである。ごく手短に説明しておこう[10]。すでに触れたハイデガーの言う「志向性」概念は、「実存」や「ふるまい」と関係づけられているところから見ても、『存在と時間』における「了解」、「企投」の概念を骨格とするものとみなして間違いはなかろう。『存在と時間』における「存在」の理念は、このような実践的な了解によって企投された「可能性」から結局はくみ取られているのだから、「志向性の物語」を「存在の物語」へと還元することは不可能であり、むしろ前者こそ後者を支えるものだとすら言えるのである（もちろんこの志向性概念が必ずしも従来の概念とは一致しないことは認めるとしても）。

3 『存在と時間』における志向性概念についての諸研究

『存在と時間』における志向性概念についての研究は、プラグマティズムの色彩を有する分析哲学的な伝統のうちでその一歩を踏み出したと言ってもよい。R・ローティの論文「伝統を克服すること、ハイデガーとデューイ」（一九七六年）[11]は、ハイデガーとデューイの二人を、これまでの西洋哲学の流儀とはまったく異なった仕方で西洋哲学の歴史をとらえた思想家として、同一の地盤に置いてみせることによって、ハイデガーの重要性を英語圏に知らしめる役割を果たした。ハイデガーとデューイの共通性として、「知識とその対象」という近代哲学の拘束が彼らによって解体されたことが当然強調されるが、ここから、「行為」あるいは「行為の志向性」をハイデガーの哲学を考える場合の中心的論点とみなす傾向が生じてくるはずである。

この点はフッサールの現象学との対比においても意識されるようになる。例えばD・フェレスダールは、フッサールの現象学の貢献が、「意識を通した世界の構成」を明らかにすることにあったのに対して、ハイデガーは、「人間の行為が世界を構成する」という点に注目したことで貢献したと述べる。そのさいフェレスダールは、ハイデガーにおける行為の志向性とフッサールの志向性がまったく対立するものではなく、むしろハイデガーの志向性概念は、フッサールのアイデアのうちにあったものの翻訳とみなしうることを強調する。[12] この主張は後にまた問題になるだろう。

行為の志向性を特に論題にはしていないが、ローティ流のプラグマティズムからの読みを徹底させた論文としては、R・ブランダムの「『存在と時間』におけるハイデガーの諸カテゴリー」（一九八三年）[13]がある。ブランダムによれば『存在と時間』のハイデガーは、現存在、道具的存在者、事物的存在者といった存在者のカテゴリー上の区別を、最終的に客観的事実にではなく、「社会的行為」に依存すると考える点で、プラグマティストなのである。例えば事物的存在者というカテゴリーも、目指す用途を欠いた客観的主張という社会的行為によってのみ理解できるのであって、『存在と時間』の存在論は結局社会的行為のあり方によって規定される。これは「志向性の物語」が「存在の物語」をむしろ支えるとした、先に述べた主張とある程度まで整合するものである。

これらの先駆的業績を背景として近年、ハイデガーにおけるプラグマティズムや行為の志向性を主題とする、優れた書物が三冊相前後して出版された。

M・オクレントの『ハイデガーのプラグマティズム』（一九八八年）

R・ローティの『ハイデガーおよびポスト・ニーチェ派についての論文集』（一九九一年）

H・L・ドレイファスの『世界―内―存在――ハイデガーの『存在と時間』第一部への注釈』（一九九一年）(14)

これらの三冊の著作はいずれも、現代の哲学に対する『存在と時間』の貢献を、その存在論よりも行為論的な分析のうちに見る、あるいは行為論的な視点にその存在論を形成する要因を求める点で共通している。このなかでローティの論文集は、『存在と時間』のハイデガーをプラグマティストと前提した上で、二十世紀哲学のポスト・ニーチェ的文脈のなかでハイデガーの占める位置を検討することに当てられるが、ハイデガーにおける行為や行為の志向性に関する哲学的検討は、すでに触れたブランダムの論文やオクレントの著作に依存しているので、ここでは取り上げないでおく。

オクレントの著作は、『存在と時間』における行為の志向性を、「了解（Verstehen）」の概念に基づいて検討する。彼が特に問題にするのは、「道具」の使用を典型とする日常的な実存における了解の機能である。そのような日常的場面において、どんな「了解」がはたらいているのか。それは内的な体験でもなく、知的な理論的認識作用でもなく、いかに事をなすかについての実践的な理解であろう。それは例えば、ワープロを使うということにかかわる身体的技能を所有し作動させるということであろう。しかしそれだけではなくその場合には、もっと重要なことをわれわれは分かっているのである。ワープロを使うことを通じて、「書類を作る」というような自分の行為の目的や可能性が理解されているのである。オクレントによれば、自己がかくかくの可能性を目的として目指すこと（自己理解）が、日常的行為の核をなしているのであって、このような、単なる意識的表象に還元されない、実践的目的論的自己理解こそ、行為の志向性とみなされるべきものなのである。現存在は時としてそのような自己理解を持つのではなく、常にある可能な目的として理解されているのであり（知的に表象されている、のではなく）、この目的志向をハイデガーは、「実存」と名づけたのである。

ハイデガー流に、実存する存在者は了解する本質を持つ、あるいは了解するのが必然的なのだと述べるとき、その意味するところは、自己のためのなんらかの可能性を実現するよう（志向的に intentionally 努力し試みるという意味で）志向する（intend）場合にのみ、その存在者は（自己自身に対して志向的にふるまうという意味で）自己自身を志向できる、ということなのである。[15]

オクレントの著作は、ハイデガーの行為の志向性を「自己」の理解と結び付けて徹底的に考察している点で、きわめて優れたものである。ここで一つの焦点となるのは、実践的目的論的自己理解としてとらえられた了解の概念をさらにどのように確定できるか、ということにあると思われる。われわれの行為の核をなしている実践的目的論的自己理解は、オクレントも言うように、未来の自己について単にある心像を所有することでも、単なる行為の能力でもないだろう。ところが一方でそのような自己理解は、動物の行動や機械の行動にもある一定の目的を帰属させることができるような場合と、どのような違いを持つのだろうか。人間の志向性を強調するために、ある特殊な、目的を目指す体験をまた持ちだしてくる必要がでてくるのか。実践的目的論的自己理解が行為の核をなしていて、行為が評価や責任の文脈につながっていることを認めるならば、その自己理解の持つ「知」の身分を問うことが必須であるだろう。この点で、ハイデガーの行為の志向性の問題は、分析哲学の内部で「意図（intention）」の問題として扱われてきた問題と連結する。[16] オクレントの著作の場合には、この面での展開が不十分であって、実践的目的論的自己理解が、knowing how としての知であるという以上の主張は得られないように見える。

ドレイファスの著作は、この実践的目的論的な自己理解が志向性としてきわめて独特のものであることを強く主張し、その自己理解の知の問題に関しても、かなり明確な態度を表明している。[17] ドレイファスは、志向性の説明として二つのものが対立していると考える。一つは、知覚や信念や欲求のような心の状態あるいは意識の状態が、その状態が持つ表象的・志向的内容（intentional content）を介して対象へと向けられていることを指す場合であって（本書第4章の言葉では、「表象主義2」）、ブレンターノ以来フッサールをへて現代まで受け継がれてきた志向性の概念である。これと対比されるのが、表象的・志向的内容を媒介とした主・客関係とはもはやみなすことのできない、より根源的な志向性であり、ハイデガーが『存在と時間』で問題にしていた志向性はこちらの種類のものだとドレイファスは言う。そうだとすれば、フェレスダールのようにハイデガーの志向性概念とフッサールのそれとを一括して論ずることは、軽率のそしりを免れないことになるし、ハイデガーの志向性概念を理論的なものであるよりは実践的であると特徴を挙げるだけの考察も不十分だということになる。

ハイデガーが『存在と時間』で遂行しようとした重要な作業の一つは、デカルトに始まりフッサールにも引き継がれていく意識の志向的内容による世界と主体との関係づけという発想を、根源的な志向性概念を通して徹底的に批判することにあると、ドレイファスは見る。しかも、意識の志向的内容という観念は、行為の説明にさいして信念や欲求という心の状態を行為の原因として設定する因果論者——J・サール、D・デイヴィドソンなど——も共有している前提であるから、ハイデガーによる志向性の革新は、同時に現代の行為論のある種の因果説の批判ともなりうる。ここから、ドレイファスは、ハイデガーの志向性概念が、サールの行為論の二つの論点に対する決定的な批判となっていることを述べる。第一に、行為の経験は自分がその行為を因果的に引き起こしていることの経験でもある、第二に、行為の経験は行為の充実条件を必ず表象している、とするサールに対して、ハイデガーの志向性が状況に合致した熟練した活動性だという点を強調することによって、ドレイファスは反論する。われわれの日常の行為と、その核となる根源的志向性は、時として生じる「熟慮的」な行為と混同されてはならないのであって、自己の因果性や充実条件・目的が表象される後者の場合のような例は、むしろ日常性における派生的なあり方にすぎないのである、と。

ハイデガーによれば、日常の直截な対処のあり方を説明するために、ある目標の心的な表象を導入する必要はまったくない。行為の活動性は、行為者が心にある目的 purpose を持たずとも、目的的 purposive でありうる。(18)

このような議論によってドレイファスは、実践的目的論的自己了解が持つ「知」の側面を、心的表象と結び付ける誤解から遠ざけた。そのさい彼は、熟練したバスケットボールのプレーヤーが、いかにそのような表象と無縁か、というような経験的事実に訴える。しかしこのような処置は同時に、ドレイファスの議論を弱めてしまっているように思える。倫理的なものにもつながっていく人間の行為の問いに、彼は生物行動学的な答えしか提供していないからである。表象としての行為の知を遮断し、しかもそれ以上行為の知を問わないとすれば、バスケットボールのプレーヤーの目的的行為は、アフリカの大地で獲物を追ってゆく動物たちの目的的行為とさして違わないことになるではないか。問題はドレイファスが、非表象的技能知と、熟慮の上での行為における目的の主題的表象との間にあまりに厳しく境界を設け、この両者の実践知のあり方を事実的な経験の二つのタイプに一気に割り振ってしまっていることにある。目的の表象を伴わない行為のある瞬間を取り出してみれば、確かに「自分が何をしていたか知らなかった」とその人が答えうるようなふるまいが人間の活動のなかに含まれることは事実である。しかしそのような行為ですら、ある「意図」を伴った行為の一部なのであり、言葉によってその行為の理由を行為者が挙げることのできる行為と切り離すことはできないのである。例えば、自分の行為に我を忘れていたバスケットボールのプレーヤーのふるまいが、その責任を問いうる「意図的な」行為であるのも、「ゲームをする」という包括的な意図によって引き起こされた行為の一部だからなのであって、決して、行為者による自覚的な意図の理解と無関係なものなのではない。あるいは逆に、目的あるいは意図が単に表象され、身体的な技能知がなんらの関与もしていない行為があるだろうか。

もちろんここで「自覚的な意図の理解」ということでどのような「知」が考えられるべきか、――それはサールの言うように目的の表象のことなのか、そうではないのか――決着をつけることはできない。アンスコム以来の現代の行為論は、行為におけるこうした自己知の問題を避けることはできなかったし、それがわれわれの行為の最も基本的なありようにかかわることを認めてきた[19]。ハイデガーの行為論のうちでそのような議論がなされていないのかどうか、あるいはその点でわれわれはハイデガーから離れて行かざるをえないのか、論ずべきことはまだ多いのである。

注

（1）EM, 81f.

（2）例えば、「オイディプスは、《自らの父》を殺すことを意図する」という文の《自らの父》という語句と、「オイディプスは、《路上で出会った老人》を殺すことを意図する」という文の《路上で出会った老人》という語句は、外延的には等しいが、これらの語句は文の真理値を変えずにいつも交換可能であるとは限らない。志向性の判定基準として内包性を取り上げる例としては、Roderick M. Chisholm, *Perceiving*（Ithaca : Cornell University Press, 1957）, 171 など。チザムに対する批判が、黒田亘『知識と行為』（東京大学出版会、一九八三年）第六章に詳しく述べられている。

（3）SZ, 48.

（4）Ibid., 222.

（5）この点について詳しくは、門脇俊介「意志の変容——ハイデガーの行為論（一）」、『山形大学紀要（人文科学）』第十一巻第四号、一九八九年、三七〇頁以下を参照。

（6）NII, 194.

（7）Vgl. SZ, 264. ただし、この「気遣い」という言葉が、不安がるというような受動的な面も併せ持っていることは、もちろんである。

（8）Ibid., 194.

（9）HGA Bd. 24, *Die Grundprobleme der Phänomenologie*, 90.

（10）『存在と時間』の存在論がどのような意味で「企投」の概念に依存するのかについては、一九九二年九月の日本現象学会におけるシンポジウム、「現象学と存在論」において、「存在論的ア・プリオリについて」という題目で発表した。その主旨は、門脇俊介『理由の空間の現象学——表象的志向性批判』（創文社、二〇〇二年）5章にまとめられている。

（11）Richard Rorty, "Overcoming the Tradition: Heidegger and Dewey," *Review of Metaphysics*, 30, no. 2 (December 1976) : 280-305. この論文の影響について、またこの論文に対する批判応答としては、Charles. B. Guignon, "On Saving Heidegger From Rorty," *Philosophy and Phenomenological Research* 46, no. 3 (March 1986) : 401-417 などを参照のこと。

（12）Dagfinn Føllesdall, "Husserl and Heidegger on the Role of Actions in the Constitution of the World," in *Essays in Honour of Jaakko Hintikka*, edited by E. Saarinen et al. (Dordrecht Holland : Reidel Publ. Comp., 1979) : 375-376.

（13）Robert B. Brandom, "Heidegger's Categories in *Being and Time*," in *Heidegger: A Critical Reader*, edited by Hubert L. Dreyfus and Harrison Hall (Oxford UK & Cambridge USA : Blackwell, 1992), 45-64 に再録。

（14）Mark Okrent, *Heidegger's Pragmatism: Understanding, Being, and the Critique of Metaphysics* (Ithaca: Cornell University Press, 1988) ; Richard Rorty, *Essays on Heidegger and Others*, vol. 2 of *Philosophical Papers* (Cambridge: Cambridge University Press, 1991) ; Hubert. L. Dreyfus, *Being-in-the-World : A Commentary on Heidegger's Being and Time, Division I* (Cambridge MA: The MIT Press, 1991).

（15）Okrent, *Heidegger's Pragmatism*, 30.

（16）『存在と時間』の志向性の概念を「意図」の概念に重ねあわせて論ずる試みとしては本書第7章・第9章、および次の論文を参照のこと。門脇俊介「ハイデガーと志向性——現象学的行為論のための一章」、『情況』

一九九二年九月号別冊。

(17) 同書におけるハイデガーの志向性概念についてのドレイファスの考え方は、Hubert L. Dreyfus, "Heidegger's Critique of the Husserl/Searle Account of Intentionality," in *Dasein, Authenticity, and Death*, vol. 1 of *Heidegger reexamined*, edited by Hubert L. Dreyfus and Mark Wrathall (New York : Routledge, 2002), 135–156 に簡潔にまとめられているので、この論文をもとにして紹介を進めることにする。

(18) Dreyfus, *Being-in-the-World*, 93.

(19) チザムは次のように言う。「我々の企てる働きの多くのものは、我々がそれらを熟考しないあるいは考えないという点で、「無意識的」であると言われ得るであろう。しかし我々はたぶん、それらが何であるかを常に知ることができる立場にあるであろう——そしてこの意味において、それらは「意識下的」であると言われる諸衝動とは異なる。」R・M・チザム（中堀誠二訳）『人と対象』（みすず書房、一九九一年）一一八頁。本書第7章も参照のこと。

第Ⅱ部　認知科学とテクノロジーとの対話

第3章　ハイデガーと認知科学

1　ハイデガー――哲学的大言壮語か、それとも?

自分の差し出した見方が「従来の枠組みを根本的に革新する」ものであって、それとともに人間の思考はもはや後戻りのできない新しい時代に突入したというのは、たいていの場合哲学にお馴染みの大言壮語なので、哲学者たちの表明する革新の身ぶりのすべてにまじめに付き合うことなどそもそも無意味なことであるか、成果の挙がるより重要な仕事を妨げる時間の無駄遣いではないのか。職業的な哲学者たちのサークルの外部で仕事をする科学者たちや、大言壮語を嫌悪する職人肌の哲学者たちの気分をこのように表現しても、それほど的をはずしてはいないだろう。マルティン・ハイデガーの哲学的思考もまた、そうした大言壮語の代表格のようにみなされてきたし、私も、ハイデガー研究者ではありながら、ハイデガーやハイデガー学者たちの語り出す大きな哲学物語に違和感を抱き続けてきた。前期のハイデガーは、その主著『存在と時間』（一九二七年）の「世界内存在（In-der-Welt-sein）」という発想によって、デカルト以来の主観・客観的二元図式を乗り越え、人間と存在の探究にかつてない新生面を開いたという哲学物語。あるいは、西洋哲学はその開始の時点で、今日に最高潮に達するような人間による存在支配の種子を、回避不可能な仕方で内在させていたのだというような、後期ハイデガーの哲学物語。これらの物語は、ときとして、従来の学問を一気に批判することを許すようなうぬぼれや、時代の動向をいとも簡単に裁断することを許すような自負を、哲学者たちが持つための手頃な資源となってきたのではないか。

しかし、このような知的な安楽主義を醸成するからといって、ハイデガーの思考が虚空に描かれた単なるスローガンだと言いたいわけではない。ハイデガーの思考の及ぶ深さと広さは、ハイデガーの哲学物語の模倣的反復によって確認することのできるものではなく——その思考の強靭さはその磁場の内部にハイデガーの読み手たちを縛り付けてしまうからだ——、むしろ、予想外の知的な文脈のなかでその輪郭を現してハイデガーの読み手たちを驚かせる。例えばデリダが、意志と真理のみから記号の成立をとらえようとするロゴス中心主義を西洋哲学の全体にわたって暴き出して、その政治的意義を見定めたような作業は、ハイデガーが西洋哲学の諸テクストに対して施した「破壊」的な読解の意義を再認識させた。また、ローティが、哲学的なボキャブラリーを革新する「啓発的な」哲学者の代表として、ハイデガーをデューイや後期のウィトゲンシュタインと比肩させたとき、認識論における基礎づけ主義を基調とする主流派の哲学への批判者としてのハイデガー哲学の意味が、これまでにはないほど明瞭になった。

2　メタファー系としての認知科学

現代の認知科学の論争の文脈においてしだいに明らかになってきたのは、「世界内存在」というボキャブラリーの選択が、主観・客観的二元図式の単なる乗り越えの身ぶりにすぎないものではなく、認知科学の新しい問題選択を作り出すメタファー系を提供しているということである。説明してみよう。(1)

認知科学は一般に、探究対象をそのままに記述したり模写したりするのではなく、例えばコネクショニズムが脳に模したモデルを作ることによって、人間知性を脳に特有のネットワークから理解しようとするように、モデルの制作を通じて探究対象に一定の解釈を与えようとする。解釈を与えるとは、ある特定のタイプの問題を選択し、問題解決を評価し、モデルを改訂し、どの現象が理解されるべきかに優劣をつけるなどの作業である。モデルの制作を通じたこのような解釈作業は、作業を行う研究者の共同体による対象の語り方——対象を語るためのボキャブラリーの選択とその適用の仕方——によって、方向づけを得ている。コネクショニズムのモデルは、脳の神経内で生じている過程を、一定の抽象性のレベルにおいて形式化することによって得られるものであり、コネクショニストたちは、推論や概念といった通常の意味での人間知性の構造をも、このモデルの示すふるまい方に引きつけて理解しようとする。(2)脳の構造についての経験（源泉領域）を、一定の抽象化・形式化を介して、人間知性の構造（目標領域）へと投射する、メタファー的な理解がここで機能しているわけである。

長い間にわたって認知科学を支配し続けてきた古典的計算主義は、「心」と呼ばれる内的な抽象的空間がどの人間にもそなわっているという近代哲学産のメタファーを中核にして、知性を理解するためのモデルを作り上げ、その解釈作業を行ってきた。そこでは、情報をそのうちに内在させる容器（心）とその外部という、日常の空間経験からのメタファー的な投射が起こっているだけではない。計算主義は、「パターン」、「リスト」、「ストラクチャー」などの世界内にある何かを指示する言葉を、情報の容器に比せられたコンピュータの内部の構造を指示する言葉へと転用し、「探索」、「操作」、「トラヴァース」などの世界内での行為者の活動を指示する言葉を、コンピュータ内部でのプロセスを指示する言葉へと転用する。そして、これらの現実世界からコンピュータへと転用されて用いられた言葉が逆に、実際の人間知性の構造を指示するためのボキャブラリーとして、学問的に採用されることになる。このようなメタファー系においては、探究の中心に位置づけられ、典型的でノーマルな「中心的」現象と、中心的な現象のようには扱えずアブノーマルとみなされる「周縁的」な現象とが区別される。大ざっぱに言えば、心（あるいはコンピュータ）の内部にあって、何らかの意味で外界の代理となる表象（思考の言語、命題）の成立とその操作としての認知が、古典的計算主義にとっての中心的現象であり、慣習的な技能、日常的常識、言語理解の背景など、中心的現象を分節化している語り方では扱いにくい現象は、さらなる技術的な解決の問題としては意識されるが、あくまでメタファー系の周縁にとどめおかれる。

3　存在論のメタファー系の転換――周縁から中心へ

『存在と時間』におけるハイデガーの存在論は、当然のことながら、直接に認知科学や心の科学の変革をめざしたものではなく、「本当にあるものとは何か」、「あることの原因・理由をどう考えるべきか」、「be 動詞の意味」などの古代ギリシア以来の哲学問題を、一括して解決しようとする試みだった。だが、「本当にあるものとは何か」という第一の問いに対するハイデガーの解決は、認知科学の依存するメタファー系の転換にとって、きわめて重大な意味を帯びてくる。

ハイデガーは、伝統的な――とりわけ近代哲学の開始以来の――存在論が、人間と人間をとりまく環境世界の両者をもっぱら、「事物的存在性（Vorhandenheit）」という存在理念から理解しようとすることに、厳しく対決しようとする。事物的存在性という理念を説明するのに、存在者の「実体化」であるとか「直観化可能性」という考え方が引き合いに出されることがあるが、これでは少し狭すぎる。この理念を理解するためには、まず、「道具的存在性（Zuhandenheit）」という、事物的存在性と対立するとみなされている存在論的カテゴリーとの相違に注目しなければならない。われわれの生活の大部分を占めている、習慣的、技能的なふるまいにあくまで定位することで見えてくるのは、道具こそがわれわれが日常でまずもって出会っている存在者であり、存在論や認識論の伝統が出発点としていた事物認識は、哲学理論の出発点ではありえても、日常のふるまいを記述するにはふさわしくないということである。道具、例えば私が教室で講義のさいに使っているチョークは、次のような存在論的な特異性を示している。まず道具は、それを理論的に観照するという人間の活動に対しては決して現出することはなく、むしろそれと端的に交渉を持つときにのみ存在者として姿を現す。そのとき道具は、「目立たない」という様相においてその本領を発揮する。目立つ道具とは、故障を起こして使えなくなった道具である。さらに、道具の最も重要な存在論的性格は、それが属する道具全体性なしには成り立たないという、「全体論的性格」である。私の使っているチョークは、それが使われる「講義」という目的や、チョークを使って講義をすることが意味をなすローカルなコンテクスト（学校世界）を背景としてのみ、チョークとして成立する。

事物的存在性という、従来の存在論を導く理念は、このような道具の存在にそなわっている存在論的性格の欠如態として理解できる。事物的存在者は道具とは対照的に、ギリシア以来の理論的観照の対象であり、哲学や科学の理論の主題となることによってますます、それ自身の真相を明らかにする。そしてそれは、目的やコンテクストといった道具を可能にする全体性によって可能になるものであるよりは、このような全体性を形作る基本的な要素として構想されてきたものである。例えば、アリストテレス的な実体は、そのうちに自己複製の能力をひそませた生物個体として、目的論的な世界を構成する当のものだったし、近代哲学による意識内の観念は、人間の認識を構成し、さらには物質世界に意味と価値を与えて人間社会を成立させる要因とみなされた。こうした実体も観念も、ハイデガーにとっては事物的存在者なのであって、その理由は、それらが道具をあらわにするような人間の日常のふるまいと、その道具をそれとして可能にするようなふるまいの目的やコンテクストから、まったく切り離されて自存するものだからである。そうだとすれば、事物的存在者と呼ばれるべきなのは、実体や出来事、状態などの、それ自身で世界の構成要素となりうるとみなされてきたカテゴリーに属するすべてのもの、つまり、あらゆる意味を欠いた物質的事物、意識の状態、出来事としての心の作用などにまでわたる。のみならず、こうした事物的存在者を語る媒体となる、判断・命題といった論理的装置もまた、コンテクストを欠いた仕方で事物的存在者を指示すると想定されるなら、事物的存在者であることになる。

「本当にあるもの」の地位を、事物的存在性として一括りにできるような従来の候補者たちから奪い取って、その地位を、道具的存在者や、それを可能にする人間と環境との技能的交渉やローカルなコンテクストに与え返すことによって、ハイデガーは、存在論の中心と周縁の位置関係を逆転させた。『存在と時間』におけるこのような存在論的転換は、「世界内存在」という言葉をめぐる新しいメタファー系の創出として具体化される。道具は、認識の対象としての実在物ではなく、（教師であることのような）人間の社会的な役割や大まかな人生の方向づけを中心に織り合わされたコンテクストの内部でのみ現出し（適所性）、逆に道具を用いるふるまいもまた、道具の織りなす配置に対応する仕方で技能化されている（配視）。日常的な環境をなす道具と、環境の内部での行為者としての人間とのあいだのこのような相互依存関係は、自らのふるまいを局所的なコンテクストへとそのつど適合させていく、自己と世界との同時的な理解――世界内存在――にほかならない。こうした理解は、明示化可能なルールや事実によって置き換えることのできない背景として、個人の心の内部にではなく、ローカルなコンテクストを共有する共同の行為者のふるまいの型の一致として機能する(共存在)。これらの「世界内存在」の現象は、主流派の哲学にとって、周縁的な現象にすぎずそれに対して適切なボキャブラリーが存在しなかったものであるが、ハイデガーにとっては、主流派の依存している事物的存在性こそが、日常的な世界内存在の現象が停止し、故障したときにだけ生ずる例外状態なのである(3)。

『存在と時間』の存在論における中心と周縁の転換は、人間の心と世界との関係を探究する認知科学にとっても、重大なインパクトを持っている。古典的な計算主義のメタファーは、ハイデガーが厳しく対決してきた事物的存在性の理念の内部で、その一変種として育ってきたものだからである。事物的存在性への批判は、まっすぐに、古典的計算主義批判へとつながっていく。計算主義者の「世界」とは、明確に限定された性質を持った明確な対象の総体であり、「心」あるいはコンピュータは、こうした世界についての記号化された命題的表象をその内部に蔵し、何らかの目標が与えられるなら、与えられた表象のもとで最も合理的な行動を選択する記号処理システムである。ところが、日常的に世界内存在する人間にとっては、道具の使用は何ら明示的な命題的表象なしに——あるいは明確な知覚像すら体験されることなしに——、道具と使用の技能とのあいだの直接的なカップリングとして生起する。しかもその間、使用のふるまいは、まったく無方向ではなく何らかの行為者の役割や目的の方向づけを受けているのに——ハイデガーはこれを「企投」と言う——、明確な目的表象や計画によって導かれているのではない。古典的計算主義の最大の誤算は、このような一定のコンテクストの内部でのカップリングや行為の方向づけを支える、日常的常識や技能、あるいは慣習として身に付いている背景的理解が、形式的な記号処理システムとしては設計できないということであった。[4]

4 認知科学批判からハイデガーAIへ

一九二七年にドイツで出版された『存在と時間』の存在論は、現代の認知科学の思考様式の本質を射当てていたのだとしても、一九六〇年代以降の認知科学の担い手たちに、直接影響を与えることはなかった。しかし英語圏では一九七〇年代以降、H・L・ドレイファスが、ハイデガーやメルロ＝ポンティをはじめとするヨーロッパの現象学的哲学をより所にして、人間知性を人工的に再現できるとする強いAI主義との対決を開始していた。これまでのところ、ハイデガーと認知科学は、このドレイファスによるハイデガー理解を介して思想的に切り結び、ハイデガー的思考が、現実の認知科学の展開に対して無視できない指針であるという認識が、受け入れられつつある。ここ三十年来のハイデガーと認知科学とのかかわりを、認知科学自体の発展に見合った三つの段階に区切ることができるだろう。

第一の段階は、ハイデガーがひたすら認知科学（強いAI主義）の批判者として姿を現していた時期であって、ドレイファスの『コンピュータには何ができないか』（一九七二年第一版）[5]のなかでハイデガーは、明示化可能な規則と事実の集合によって状況と人間のふるまいを分析することに強力に反対する論者の一人として登場する。少し意外なのは、『世界内存在』（一九九一年）[6]に見られる、ドレイファスによるハイデガーの評価は、ドレイファスの当初の認知科学批判の中心を必ずしも形成するものではなかったということである。つまり、二十世紀の現象学の祖であるフッサールを、日常的な背景的理解を類型的な予期の表象によって記述可能であるとみなす、ミンスキーのフレームモデルに結実するような発想の創始者であると理解し、ハイデガーによる「世界内存在」の解釈学が、フッサールの発想に対する徹底した批判であることによって認知科学の急所を突いているという評価である。日常的な知識をどのように表現するのか、という問題に対する認知科学の側の進化に対応して、ドレイファスもフッサール現象学をハイデガーと対立する認知主義の側へと振り分けるという対応をとったのである（あるいは、フッサールとハイデガーの差異に対する認識の深化が、ミンスキーのフレームやシャンクのスクリプトなどの、予期の表象に依存した認知科学の概念を批判する動機となったとも考えられる。だが、認知科学の進展とそれに対する論争のなかで、ドレイファスの側でも、自らの現象学理解を変容させていったと考える方が自然であろう）。

第二の段階は、古典的計算主義を批判して人間の脳に模した新たなモデルを提案しているコネクショニズムの登場以後の、ハイデガー的な認知科学批判のあり方である。ローゼンブラットに起源を持つコネクショニズムが、古典的計算主義の抑圧をはねのけて日常的認知への新しいアプローチを提案していることに、（ヒューバートとスチュアートの）両ドレイファスは同情的である。(7) 少なくともコネクショニズムは、人間のふるまいはすべて形式的な記号表象に置き換えて理論化できるという、プラトン以来の哲学的偏見に与してはいないし、神経ネットワーク内のそれぞれの要素がネットワークと連想的で全体論的な関係を取り結んでいるとする点で、日常的認知により接近できると期待される。ゲシュタルト知覚や、『存在と時間』における道具の全体論的性格のような、古典的計算主義では取り扱えない現象を理解するためのモデルとして、コネクショニズムは有望であるように見えたのである[8]。しかし、『コンピュータには何ができないか』の第三版の序論（一九九二年、未邦訳）から明瞭なように、ドレイファスはコネクショニズムへの批判に転ずる。批判の最も重要な論点は、ネットワークのアーキテクチャーを、人間知性がなしうるような一般化の能力と同程度に設計することは困難だということにある。知能が出会う現実の状況において何が「適切に関連した（relevant）」特性であるかを見分けるための能力を持つような、脳のアーキテクチャーは見いだされてはいないし、そのような特性のいくつかを見分けることができる場合でも、そのことは設計者や使用者からの介入によってのみ可能なのである[9]。

第三の段階は、第一の段階や第二の段階とは異なって、ハイデガーの思想が認知科学にとって積極的な意味を持つとされる時期である。すでにウィノグラードとフローレスは、古典的計算主義との訣別の宣言の書である『コンピュータと認知を理解する』（一九八六年[10]）のなかで、日常的なふるまいや道具使用の状況に注目したハイデガーを範として、コンピュータ・システムの「存在論的設計」の必要性を訴えていた。例えば、交渉においてのみ「目立たず」出会われる道具の特性や、こうした出会いを可能にする全体論的背景、さらにこうした活動の透明性が故障（breakdown）したときに生ずる対象化や熟慮の可能性といった諸概念が、人間の存在に沿ったより深いシステムの設計を導くというのである[11]。

この段階でもう一つ重要な試みは、アグリーとチャプマンによるいわゆる「ハイデガーＡＩ」のアプローチである。彼らは、表象を用いない知的「被造物（creature）」の設計で知られるブルックスが活動しているＭＩＴの人工知能研究室で、コンテクスト抜きの記号表象や内的なプランニングを用いないで、環境と相互作用をなす知的プログラムを作ろうとした。[12] 彼らは、ドレイファスがハイデガーに帰している、二つの重要な洞察をシリアスに受け取っている。すなわちまず、日常的なふるまいを導いて環境と相互作用をなすためには、ふるまいの主体は世界をモデルとして内的な表象を作る必要はないのであって、世界それ自体が「最良の表象」なのであるということ。さらに、日常的なふるまいを導くのは、あらかじめ明示的に心的に構成された計画や意志ではなく、そうした意志や計画なしに環境との相互作用を通して一定の目的的な方向性が形成されうるということである。[13] ただし彼らの作るプログラムは、既存のＡＩの計算論的技術――dependency system――を用いて、現実の世界とは異なるいわゆる「積み木の世界（ビデオ・ゲーム）」の内部で主体を環境と相互作用させるものであって、ハイデガーの「世界内存在」に丸ごと到達しようとしているわけではない。一定のコンテクストの内部での日常的常識や技能、背景的理解といった世界内存在の本質をなすものが、ハイデガーの言う「共存在」として形成されてきた歴史と社会の産物である以上、本書第5章で現代のユビキタスコンピューティングについても論ずるように、世界内存在を人工的に設計することの困難さはわれわれの歴史や社会を設計する困難さにも等しく、ハイデガーＡＩの立ち止まっている隘路は、心を設計しようとするあらゆる科学が等しく導かれざるをえないそれなのである。

注

（1）Ｐｈ・アグリーの議論を参照した。Philip E. Agre, *Computation and Human Experience*（Cambridge: Cambridge University Press, 1997）, Ch. 1, Ch. 2.

（2）「引きつけて」ということは多義的でありうる。それは、人間知性を構造化する基本原理が、こうしたモデルと本質的に類似であるという意味かもしれないし、あるいは、こうしたモデルは人間知性の諸構造を「近似的に支持している」という意味かもしれない。

（3）「欠損性アーギュメント」と名づけられるべきものである。本書第11章を参照。

（4）Hubert L. Dreyfus and Stuart E. Dreyfus, *Mind Over Machine: The Power of Human Intuition and Expertise in the Era of the Computer*（New York: The Free Press, 1986）〔(椋田直子訳)『純粋人工知能批判――コンピュータは思考を獲得できるか』（アスキー、一九八七年）〕を見よ。

（5）Hubert L. Dreyfus, *What Computers Can't Do: The Limits of Artificial Intelligence*（New York: Harper & Row, 1972）.

（6）Dreyfus, *Being-in-the-World: A Commentary on Heidegger's Being and Time, Division I*（Cambridge MA: The MIT Press, 1991）.

（7）門脇俊介・信原幸弘編『ハイデガーと認知科学』（産業図書、二〇〇二年）1章を参照。

（8）少なくとも『純粋人工知能批判』（*Mind over Machine*, 1986）の時期には両者はそうみなしていた。Ｂ・プレストンは、一九九三年の時点でも、両者をある種のコネクショニストとみなしているようである。Beth Preston, "Heidegger and Artificial Intelligence," *Philosophy and Phenomenological Research* 53, no. 1（March

1993) : 49-51.

(9) Dreyfus, *What Computers Still Can't Do: A Critique of Artificial Reason* (Cambridge MA: The MIT Press, 1992), xxxvi-xxxix.

(10) Terry Winograd and Fernando Flores, *Understanding Computers and Cognition: A New Foundation for Design* (Norwood N. J. : Ablex, 1986), Part III.

(11) それ以外にどのような設計の指針が、ハイデガーから汲み取られているのかについては、次の論文を参照。Terry Winograd, "Heidegger and the Design of Computer Systems," in *Technology and the Politics of Knowledge*, edited by Andrew Feenberg and Alastair Hannay (Bloomington and Indianapolis: Indiana University Press, 1995), 108-127.

(12) この試みの詳細に関しては、Winograd, "Heidegger and the Design of Computer Systems" ; Agre, *Computation and Human Experience*, Ch. 13; Philip E. Agre and David Chapman, "What Are Plans for?," in *Designing Autonomous Agents: Theory and Practice from Biology to Engineering and Back*, edited by Pattie Maes (Cambridge, MA: The MIT Press, 1990), 17-34 などを参照。

(13) これは、行為の意味はあらかじめの計画から導かれるという、認知科学における「プランニング・モデル」の批判である。例えばこの批判をハイデガー-AIと共有するものとしては、L・A・サッチマン（佐伯胖監訳）『プランと状況的行為——人間-機械コミュニケーションの可能性』（産業図書、一九九九年）、第3章など。

第4章　ハイデガーと表象主義

1　認知科学は哲学を再定義するのか?

人間の心と認識を探究してきた哲学は、最近の四十年に及ぶ認知科学の発展の歴史によって、根本的な再定義を迫られたという見方は広く受け入れられている。しかしこの見方は、いまだ十分に答えられていないいくつかの問いを提起する。そのうちの最も重要な問いは、認知科学の展開そのものが、じつはそれ自体として――意識されているにせよ、そうでないにせよ――哲学的思考によって形作られてきたのではないかという問いであり、認知科学は、そこに内在する哲学的思考なしには、科学として発進することができなかったのではないかという問いである。哲学が認知科学を逆に定義し直すようなことも、十分あるのではないだろうか。

例えば、一九七〇年代に認知科学が勃興しつつあったとき、その根本教義であった認知主義の理論的旗手の一人、J・F・フォーダーは、認知科学が哲学をメタ理論として必要としていることを臆面もなく認めていた。彼は自らの著作が、「思考的心理学（speculative psychology）」の伝統に属することを述べて、この思考的心理学について次のような説明を加える(1)。

> 思考的心理学者たちが行っていたことは以下のことである。すなわち、心的プロセスに関して利用可能なデータと、このデータを説明するために提案された第一階の理論をまず考察すること。その上で、このデータと理論に内在する、心の一般的概念を解明しようとすることである。〔強調、門脇〕(2)

ここでフォーダーが「心の一般的概念」と名づけているのは、認知のプロセスの唯一のモデルとして計算的プロセスを掲げ、その計算的プロセスの媒体として、心の内部に表象システムを想定する発想、すなわち一種の表象主義である。表象主義は、古典的な認知科学が積んでいる哲学的な賭け金なのだ。

近年ハイデガーは、認知科学の議論においてこうした表象主義へのラディカルな批判者として再発見され、呼び戻されてきた。このような再発見は、ハイデガーに関するドレイファスの広範囲の仕事に負っているのだが、その仕事は、認知科学者が人工知能(3)の夢から覚めるよう促しただけではなく、第3章で述べたように、いわゆるハイデガーAIの試みに見られるような人間の認知へのまったく新しいアプローチとして期待されつつある。だとすれば、ハイデガーが表象主義と対決する（あるいは対決するだろう）仕方に目を凝らすことで、現代の認知科学と哲学との微妙な関係もまた明らかになってくるはずである。以下第2節では、ハイデガーが対決している表象主義を明確にした上で、ハイデガーの表象主義批判の意味を明らかにする。第3節では、認知科学における新しいタイプの表象主義がどのような点でハイデガーを批判し、ハイデガーの側からどんな応答がそれに対して可能かを検討する。第4節では、ハイデガーの反表象主義に有利な証言をしている近年の認知神経科学の成果を検討し、ハイデガーが現代の認知の哲学に対して持っている意味を探る。

2　ハイデガーの表象主義批判

ハイデガーの哲学は、当然のことながら、直接に認知科学や心の科学の変革をめざしたものではないが、『存在と時間』の存在論における中心と周縁の転換が、認知科学にとって重大なインパクトを持っている。古典的な計算主義の枠組みは、「事物的存在性（Vorhandenheit）」という存在論的カテゴリーの一変種として育ってきたものであり、このカテゴリーへの批判が、まっすぐ、認知主義と計算主義の批判へとつながっていく。このカテゴリーを理解するためには、「道具的存在性（Zuhandenheit）」という、事物的存在性と対立するとみなされている存在論的カテゴリーとの相違に注目しなければならない。

道具、例えば私が教室で講義のさいに使っているチョークは、次のような三つの存在論的な特異性を示している。まず道具は、それを理論的に観照するという人間の活動に対しては決して現出することはなく、むしろ何かをなすためにそれと端的に交渉を持つときにのみ存在者として姿を現す。さらに、そのとき道具は、「目立たない」という様相においてその本領を発揮する。目立つ道具とは、故障を起こして使えなくなった道具である。最後に、道具の最も重要な存在論的性格は、それが属する道具全体性なしには成り立たないという、「全体論的性格」である。私の使っているチョークは、それが使われる「講義」という目的や、チョークを使って講義をすることが意味をなすローカルなコンテクスト（学校世界）を背景としてのみ、チョークとして成立する。

事物的存在性は、このような道具の存在論的性格の欠如態として理解できる。事物的存在者は道具とは対照的に、理論的観照の対象であり、哲学や科学の理論の主題となることによってますます、それ自身の真相を明らかにする。そしてそれは、目的やコンテクストといった道具を可能にする全体性によって可能になるものであるよりは、このような全体性を形作る基本的な要素として構想されてきたものである。アリストテレス的な実体や近代哲学による意識内の観念は、ハイデガーにとっては事物的存在者なのであって、その理由はそれらが、道具をあらわにするような人間の日常のふるまいと、その道具をそれとして可能にするようなふるまいの目的やコンテクストから、まったく切り離されて自存するものだからである。そうだとすれば、事物的存在者と呼ばれるべきなのは、それ自身で世界の構成要素となりうるすべてのもの、つまり、あらゆる意味を欠いた物質的事物、意識の状態、心の機能などにまでわたる。のみならず、こうした事物的存在者を語る媒体となる、言明・命題といった論理的装置もまた、コンテクストを欠いた仕方で事物的存在者を指示すると想定されるなら、事物的存在者であることになる。

「本当にあるもの」の地位を、事物的存在性として一括りにできるような従来の候補者たちから奪い取って、その地位を、道具的存在者や、それを可能にする人間と環境との技能的交渉やローカルなコンテクストに与え返すことによって、ハイデガーは、存在論的カテゴリーの配置を変えてしまった。『存在と時間』におけるこのような存在論的転換は、「世界内存在」についての新しいボキャブラリーの創出として具体化される。「世界内存在」とは、自らのふるまいを局所的なコンテクストへとそのつど適合させていく、自己と世界との同時的な理解にほかならない。こうした理解は、明示化可能なルールや事実によって置き換えることのできない背景として、個人の心の内部にではなく、ローカルなコンテクストを共有する共同の行為者のふるまいの型の一致として機能する。

これらの「世界内存在」の現象は、主流派の哲学にとって、周縁的な現象にすぎずそれに対して適切なボキャブラリーが存在しなかったものであるが、ハイデガーにとっては、主流派の依存している事物的存在性こそが、日常的な世界内存在の現象が停止し、故障したときにだけ生ずる例外状態なのである。

すでに述べたように、事物的存在性への批判は、まっすぐに、計算主義と認知主義の批判へとつながっていく。計算主義者にとっての「世界」とは、明確に限定された性質を持った明確な対象の総体であり、「心」あるいはコンピュータは、こうした世界についての記号化された命題的表象をその内部に蔵し・操作し、何らかの目標が与えられるなら、与えられた表象のもとで最も合理的な行動を選択する記号処理システムである。ところが、日常的に世界内存在する人間にとっては、道具の使用は何ら明示的な命題的表象なしに――あるいは明確な知覚像すら体験されることなしに――、道具と使用の技能とのあいだの直接的なカップリングとして生起する。しかもその間、使用のふるまいは、まったく無方向ではなく何らかの行為者の役割や目的の方向づけを受けているのに――ハイデガーはこれを「企投」と言う――、明確な目的表象や計画によって導かれているのではない。古典的計算主義の最大の誤算は、このような一定のコンテクストの内部でのカップリングや行為の方向づけを支える、日常的常識や技能、あるいは慣習として身に付いている背景的理解が、形式的な記号処理システムとしては設計できないということからくる。

ここまでの議論から、ハイデガーが批判していた三つの表象主義を取り出すことができる。第一のそれ(表象主義1と呼ぼう)は、近代哲学の中心教義であったものであり、要素的な内的観念が心の内にあって認識の構成要素となり、そうした観念が自然を表象しその鏡となるという考え方である。

第二のそれ(表象主義2と呼ぼう)は、カントとフレーゲに由来する、より洗練されたものであり、原子論的な観念ではなく、構文論的な構造を持った命題こそが表象の担い手であるとするものである。われわれは世界を、命題と推論の規範的な体系を通してのみ表象することができる、というわけである。表象主義2に対するハイデガーの批判は、命題の体系がそれのみで世界内の存在者を表象しうるという前提に向けられる。志向性のネットワークなしに、推論的な規範性や合理性が意味を持ちうるのだろうかと、ハイデガーは批判するだけではない。さらに彼は、志向的状態を支える非表象的な「背景」なしには、命題の意味をわれわれは理解できないというところにまで進む。だが表象主義は、それ自体としては、命題的表象が心的なデカルト的内部に実在するのか、という点に関しては中立である。表象主義2を奉ずる人々のうち、フッサールの現象学は、この問いを肯定し、デイヴィドソン流の解釈主義は、この問いに否定的な態度をとるだろう。前者のフッサール的な方針は、近年の認知主義の中心をなすものであり、脳あるいはコンピュータの内部にある構文論的構造を伴った言語的記号が、心の内なる命題表象と同じような仕方で世界を表象すると考える。

この、脳あるいはコンピュータの内部に具現された表象主義2は、ハイデガーの表象主義批判の、第三の（可能的な）ターゲットであり、フォーダーの理論のうちで哲学的に賭けられていたものである。

3　ハイデガーは新しい表象主義に対してどう言うだろうか？

今日、古典的で露骨な認知主義が認知科学の世界で衰退し、認知・神経科学の発達によって表象の概念についての繊細な見直しが行われているときに、ハイデガーの反表象主義はその役目を終わったようにも見える。次のような問いかけが起こっているのである。つまり、日常的「世界内存在」と存在論・認識論における事物的存在性とを、ハイデガー流にきっぱりと分けることによって、換言すれば、非表象的技能知と表象的な観照とを分けることによって、表象概念にかかわる複雑な事象に対応できるのか、というのである。この問いは、近年の経験科学的な反表象主義をめぐる議論において提起されてきた。

すでに述べたハイデガーＡＩといわゆる「ロボット工学」のほかに、近年、「力学系理論」というもう一つの反表象主義の流れがあって、それによれば、内的表象を要求する計算機構に代わる非表象的な認知システムを受け入れることができるという。例えばティム・ヴァン・ゲルダーは、力学的認知概念を反表象主義的認知の候補者として擁護しているが、それは、蒸気ピストンの往復運動をいかにフライホイールの回転運動に変換するかという「調速問題」に対する、ジェームズ・ワットの解決に注目することによってなされている[4]。調速問題には二つの解決が可能である。第一の解決は、課題全体をより単純な小課題に分割し、こうした小課題を正しい順序で繰り返して遂行する装置を作ることである。この解決においては、ある一連のアルゴリズムに従う装置が調速機なのである。ワット自身によってもたらされた第二の解決は、取り付けられた車軸の腕の角度とピストンに入ってくる蒸気の流れが、つねに相互のあいだで規定しあっているような、遠心調速機を作ることである。

第一の解決における調速機は、表象的で計算論的な装置である。すなわちその装置は、エンジン速度という環境を知覚して、現在のエンジン速度の記号表象を形成し、絞り弁の調節がどれくらい必要かを記号表象を操作することで計算し、エンジン速度という環境にはたらきかけるように表象を使って絞り弁を調節する。第二の解決における遠心調速機は、本質的に非表象的であると、ヴァン・ゲルダーは言う。車軸の腕の角度とエンジン速度との相互関係を記述するのに、表象の関係——「何かが何かの代理をする」——は単純すぎるのであり、その相互関係を記述するには力学系の数学的言語を用いなければならない。その装置が非表象的であるのなら、作動過程は記号表象をルールに従って計算することではありえない。ヴァン・ゲルダーは、あるシステムが表象的か否かを決定する、次のような基準を提案している。

表象の有用な基準——あるシステムが表象を含むか否かを見分けるための信頼できる方法——は、そのシステムを表象によって記述することに説明上の利点があるかを問うことである。(5)

ワットの遠心調速機の基本原理が力学的であり、そのシステムを表象的だと記述することに、力学系の原理で記述する以上の説明能力がないのであるとすれば、遠心調速機は、力学的認知概念のパラダイムとなる。ヴァン・ゲルダーによれば、このような力学的認知概念は、ハイデガーやライルによって推奨されている反デカルト的な認知の枠組みに応ずるものである。世界と相互作用するシステムのはたらきがあまりに複雑すぎて、表象的用語による記述を寄せ付けないほどであることを示すことで、力学系アプローチは、反デカルト的・ハイデガー的行為者が世界を表象することなく世界のうちでふるまうことが、どのように可能かを教えている。

このアプローチに、疑義を呈している研究者も存在する。(6) 人間の認知のすべての側面をとらえるというには、この徹底した力学系アプローチは、粗すぎはしないかというのである。その一人アンディ・クラークは、ヴァン・ゲルダーのような反表象主義者は、表象概念一般と、明示的な表象というより制限された概念とを混同しているという。反表象主義者の批判が正しいのは、ハイデガーが批判しているような内的観念とか命題内容のような、明示的な表象の意味での古典的な概念に関してだけである。クラークも、行為者とその環境が密接にカップリングしているようなシステムを、明示的に表象的なシステムだとはみなせないことは承知している。ハイデガー的に言えば、「世界内で配慮的に対処すること」は「命題知」には還元できないことは承知している。しかし、ヴァン・ゲルダー（とハイデガー）がこだわっている問題領域は、ヴァン・ゲルダーの明示的な表象概念に合わせてきわめて狭く裁断されているのではないか。つまり、ヴァン・ゲルダー（とハイデガー）の扱う問題は、非明示的表象の概念をはじめから必要としないものなのだというわけだ。

だが、もしこうした制限された問題領域を超えて、認知における表象の必要性についてより一般的に議論をするなら、反表象主義者の主張が一面的であるかもしれないことが分かる。クラークは、「表象が不可欠な」[7]問題領域として、次の条件のうちの一つが当てはまるものを考える。

（1）現前しない、または存在しない対象、あるいは反事実的な事態についての推論が含まれる問題。

（2）周囲の物理的環境が複雑で扱いにくい場合に、その環境についてのパラメータに対して、選択的に反応することが行為者に求められているという問題。

ここで問わねばならない問題は、このような「表象が不可欠な」問題領域を前にして、ヴァン・ゲルダーの徹底した反表象主義は、したがってハイデガーの反表象主義は、維持できるのかということである。（1）命題的内容に関する理論的・実践的推論の場合について言えば、ハイデガーの反表象主義は、問題なく維持される。「世界内存在」の理論に（1）のような問題を統合させることを妨げるものは何もない。ハイデガーが表象主義1とハードウェアの内部に具現された表象主義2とを鋭く批判しているとしても、表象主義2の問題にしているような命題・推論の規範的体系にまつわる現象が、否定されているわけではない。表象主義2それ自体において問題になっていることがらは、「世界内存在」のうちで特別な位置を占めている。ロバート・ブランダムが適切に指摘するように、「何かを事物的に存在するものとして扱うことは、……そのものの持ちうる特別な種類の意義に注目すること、すなわち、そのものについての主張の正しさにとっての意義に注目することである(8)」。

表象主義2に関する唯一の問題は、それが認知と行為の理論のためのすべての道具立てを与えるかのような、うぬぼれをも内在させていて、結局は、命題が適切に適用されるために非明示的に前提にされているもの、すなわちその適用のコンテクストと背景的慣習を見過ごしてしまうことである。

（2）第二の問題領域は、ハイデガーにとってはより扱いにくいように見える。クラークによれば、長期的な計画や反事実的な推論などを含む「表象が不可欠な」領域があるだけではなく、「真に「特殊」であって言語的に貫かれた事例のような、洗練されたレベルの認知に達するはるか前に(9)」、認知が内的表象を要求する場合がある。そのような場合として、知覚的再認、知覚によって統御された行為など、それらの成功が外界からの入力空間を圧縮したり拡大したりする能力に依存するケースがある。例えば、何かを作っている最中の熟練した職人は、普通の人よりもずっと正確に、作っているものの特性の差異を見分けることができるし、自分の仕事に無関係な状況を普通の人よりずっと効果的に無視することができる。クラークはこのような圧縮・拡大のプロセスを、通常の対象認知や、高等動物の知覚的再認にも認めている。

もしハイデガーの日常的な「世界内存在」が、ワットの遠心調速機のような意味で、どんな表象をも用いていないのだとしたら、そして、ハイデガーが、日常的な「世界内存在」と理論的観照のほかに、認知の様相を認めていないのだとしたら、内的表象を擁護するクラークの議論は、ハイデガーの反表象主義にとって、厳しい問題提起となるだろう。内的表象による説明が必要だとクラークが考えている現象に、適切に応ずるにはどうするのか、ということである。

ハイデガーは、技能的活動や日常的行動に「適切に関連した（relevant）」世界の側面だけにわれわれは対処しているのだという点に関してはもちろん、クラークに賛同するだろう。さらにハイデガーは、人間の活動の一定の方向づけと、一定の共有されたコンテクストの内部でのみ、こうした側面が関連した意味あるものになるということを付け加えるであろう。例えば、私がいま使っているチョークの関連する側面は、――ギリシア文字を書くとか、より一般的には哲学の教員であるとかの――行為の一定の方向づけのもとでのみ、そうしたものとして現れることができるのだし、同時に大学世界のようなある適切なコンテクストに巻き込まれているときにのみ、現れることができるのである。

問題になるのはそうすると、ハイデガーはこうした「世界内存在」を説明するために、「内的表象」という概念を使わねばならないのか、したがって自らの徹底した反表象主義を捨てなければならないのか否か、である。この問いに答える前に、クラークの考える「内的表象」とは何なのか、あるいは、クラークはそれがどんな様態で存在しているのかを見ておかねばならない。クラークは、最近の神経科学やコネクショニズム的な脳研究に依拠しながら、脳を、必要な情報を選択し、不必要な情報を無視し、選択された情報を特定の適用へ向けて変形するシステムとして考える。「このような選択、変形、再編成のプロセスの産物」が、「慎ましい内的表象」なのである。[10] 脳におけるこうした種類の情報処理は、状態空間における軌道として処理過程を描く表象的記述によって、理解されねばならない。

ハイデガーは、脳過程を描き出すこのようなアプローチが、明示的な表象を用いるアプローチよりも、行動の探究に向いていることに同意するだろう。ハイデガーは認知主義よりも、コネクショニズムを選ぶであろう。クラークがはっきりと述べているように、「ネットワークは、強力な「技能知」を具現する」[11] のである。

こうしてわれわれは、一つの深刻な問題に直面する。もしヴァン・ゲルダーの述べた、表象の基準をまじめに受け取るなら、内的表象の導入は、「世界内存在」についてのハイデガーの記述に何らかの説明上の利点を与えるはずである。しかし、クラークが導入する限りでの内的表象は、認知主義の表象と同じようには説明を与えない。認知主義の枠組みに従えば、心の中にある文のような表象が、行為者のある行為を説明するのに必要(しばしば十分)であり、こうした表象は、行為の原因となる、あるいは行為を合理化するとされる。脳のアーキテクチャーにおいて内的表象として具現されているという、クラークの概念は、このような枠組みには適合しない。

では、クラークの概念は、どんな説明上の利点を持つのであろうか。もしも認知主義者の枠組みを唯一適切なものであるとみなすなら、クラークの提案はうまくはたらかないであろう。フォーダーがしばしば強調するように、コネクショニズムのネットワークは、認知的アーキテクチャーのための「実装(implementation)」にすぎないことになる。もし唯一適切なものではないとみなすのなら、具現という概念は、謎のままであり続けるだろう。それは、脳のアーキテクチャーとふるまいの全体論的構造とのあいだの「同型性」なのか、あるいは心的な構造に対する「大まかな支持」なのか、あるいはまったく違ったものなのか。認知科学者たちは、この謎を解明して幸福な一致に達しているとはとても言えない状態にある。

問題を次のような問いに変換してみよう。内的表象に関してコネクショニストたちが描くモデルは、ハイデガーが新しいボキャブラリーを用いて注意深く記述した「世界内存在」の全体論的諸構造を説明できるほど、豊かであろうか。私はまだ、コネクショニズムのモデルがハイデガーの現象学によって提案された実存的カテゴリーを、記述の力において上回ったというニュースを聞いてはいない。もちろん、われわれの世界内存在を驚くほど新しく記述し直すであろう、認知科学からの提案に、目を見開き続けることを約束してのことではあるのだが。

4　二重視覚システム論の意味

近年、見逃すことのできない重要な提案が、認知神経科学からもたらされている。その提案、「二重視覚システム論」は、ハイデガーの反表象主義に有利な議論を提供しているように見える。

知覚について表象主義1の想定しているように、要素的な内的観念が心の内にあって認識の構成要素となり、そうした観念が自然を表象しその鏡となると考える哲学者・心理学者は現在では少ない。むしろ、知覚経験を、日常的な環境世界の内部で世界についての細部の情報を与え、活動を制御するものととらえる見方が有力だと言えよう。——「経験に基礎をおいた統御という想定[12]」と名づけられるものである。

しかし、知覚経験が独立に意識内に存在して、それが人間活動を絶えず制御しているという、現代を代表する見方に対して、認知神経科学は、重大な懐疑を投げかけている。例えば、熟達したスキーヤーの滑降のような私たちの日常の多くの技能的ふるまいは、意識経験に上らない仕方で、微調整されているだろう。このような直観的によく知られている事象だけではなく、人間の日常的活動が意識された知覚経験（表象）によって統御されていないかもしれない可能性が、認知神経科学において脚光を浴びている。ワイスクランツらの研究によってよく知られるようになったのは、いわゆる「盲視（blindsight）」の現象である[13]。脳の一次視覚野（V1）に損傷を受けた彼らの被験者たちは、自分が見ているということを意識（aware）することなしに、事物・性質の識別を、かなりの高い確率で成し遂げることができる。例えば、示された線が、円であるか、十字であるか、水平であるか、垂直であるかを当てることができる。このことが示しえているのは、網膜から一次視覚野を経由して脳の標的領域に達する視覚経路のほかに、別の経路が存在している可能性である。

ミルナーとグッデールが提唱している「二重視覚システム論」は、一次視覚野を経由する通常の視覚（とみなされてきた）ものとは異なる、より行動と一体になった視覚が存在し、その意味で人間の視覚は二重だとする主張である。[14] 意識された知覚経験と行動と一体となった視覚とは、機能の上で二重であるだけではなく、前者は、一次視覚野から腹側系（ventral stream）を経由するものであり、後者はむしろ背側系（dorsal stream）を経由するという解剖学的な差異が存在すると想定される。彼らの著名な患者ＤＦ（視覚失認）は、腹側視覚系に損傷を負っているために、事物・性質を識別する能力を、大幅に失っている。にもかかわらず、ＤＦは自らの行動をスムーズに導くための視覚（技能というべきもの）を失ってはいない。ＤＦは、自分に投げられたボールを素早くとらえることができるし、円盤を隙間に通す実験では、通常の意識的視覚による方向づけを用いるならほとんど失敗するが、隙間に通す行動を、自分では明示的に報告することができないのに高い確率で自然に導くことができる。他方で、背側系に損傷を負った「バリント症候群」と名づけられる患者たちは、事物・性質を視覚的に同定できるのに、見えている対象に精確に到達することができない、つまり運動性の失調を示している。クラークは、以上のような神経科学的データを次のようにまとめる。

腹側視覚系と背側視覚系は、「何（what）」経路と「いかに（how）」経路として説明する方がよいかもしれない。つまり、腹側（「何」）系は、対象の同定、カテゴリー化、運動からは独立な推論と想起、意識的知覚などに特化しており、背側（「いかに」）系は、標的が物理的に目の前にある場合の、即決を要する、滑らかな運動的相互作用に特化しているというわけである。[15]

後者のような知覚の経路は、例外的に生ずるものではなく健常者においても機能していることを、ミルナーとグッデールは、「ティチナー円環」の錯視を用いて立証している。[16]

ミルナーとグッデールの提案する二重視覚システム論が妥当なものであり、背側系を経由し、（意識的知覚が行為を導く仕方とは異なった）より行動と一体になった視覚の様式を認めることができるなら、ハイデガーが日常的世界内存在に即して取り出してくる、「配視（Umsicht）」という認知の様式を認知科学的に基礎づけることが可能になる。[17] 配視とは、一定のローカルなコンテクストのうちで、道具と端的に交渉するさいに、現存在の行為を導く実践的な認知様式であり、事物的存在者の特性や「何」を同定する「認識」とは峻別される。配視は、日常的な実践を導くものではあっても、明示的に意識しつつ行動を制御するものではなく——その意味では「経験に基礎をおいた統御」をなすものではなく——、「目立たせない」ことを本領として非明示的な仕方で世界を開示する一種の技能である。

「行動と一体となった知覚」としての配視の概念は、視覚（知覚）経験が行為を統御するという現代の主流の見方と対立するだけではなく、さらに、行為こそが知覚の本質的構成要素をなすという新しい主張とも異なっている。その主唱者ノエによれば、知覚経験は、従来の表象主義者が一致して想定していたように、眼前の光景を絵画のように——焦点をきちんと合わせて、中心から外縁に至るまで一貫してその詳細を提示する――表象ではない[18]。この主張の意味するところは、第一に、そのつどの知覚経験が明示的ではない潜在的位相を含んでいて、この潜在的位相が知覚的経験の意味を規定しているということである[19]。例えば、私が猫を知覚的に経験する場合、現前する猫の背後や触感というような潜在的に知覚可能な位相の一部を含めて成立しているからこそ、猫の経験は事物の知覚経験といえるのである。しかも第二に、潜在的な知覚可能性は、判断の内容として意識の内部にあるようなものではなく、そのつどの知覚経験が潜在的な知覚可能性を、知覚主体の身体運動を通して現実化できるという理解――sensorimotor knowledge ――を通して、知覚経験の意味を規定する。この意味で、「行為は知覚のうちにあり（action in perception）」、「〔ノエの〕行為遂行的（enactive）、感覚運動的アプローチによれば、知覚の基礎は、刺激の変化を生じさせる運動の仕方についての、非明示的な実践知なのである[20]」。

ノエの知覚についての、感覚運動的アプローチの目指すところは、二重視覚システム論が提案する二つの視覚システムのうち、どちらの解明なのであろうか。行為こそが知覚の本質的構成要素となる、というノエの基本主張にもかかわらず、ノエのアプローチはあくまで、対象の同定やカテゴリー化を含む「何」経路の知覚に向けられている。そのつどの知覚経験が、運動感覚的な意味での潜在的位相を内包しているとしても、その潜在的位相はあくまで、今のところ潜在的であるが、知覚的現前を実現する可能性を持ったものとして定義されているのだから、知覚はあくまで、行為的であるというよりは、意識への明示的な現前から定義されているわけだ。知覚のモデルは、より全体的な意識への現前を目指す知覚的探索行為であり、知覚対象のモデルは、探索行為によって明示化され（う）る事物的同一性だということになる。

こうした発想は、フッサールが終生保持し、晩年にいたるまで発展させていた考え方であり、ハイデガーの発想はこれとは異なる。

ハイデガーにとって、知覚的探索行為は環境世界内部での道具たちとの日常的な交渉ではないし、事物的同一性は、あくまで事物的存在性のカテゴリーの枠内での探索行為の目標にほかならない。ハイデガーの主張は、「何」経路の知覚を、どれほど行為に関連づけるにせよ、「いかに」経路の知覚にそれを換えてやることはできない、という点にあると思われる。身体運動によって構成された、知覚的探究運動といえども、非明示的な微調整を受けた知覚経路なしに成立するであろうか。例えば、どれほど意識を凝らしてペンを動かし、文字と紙とペンとを知覚していたとしても、配視的な技能なしには、その実現は困難ではないのか。

ハイデガーのこのような考え方は、ハイデガーが人間の概念的な認知能力を無視して、原始的で反射的な能力だけを前景に押し出しているかのような疑念を生じさせかねない。ここに、ハイデガーの配視的な技能・了解が、すなわち、人間が環境世界に住まうときの技能が、概念やカテゴリー化をどのような意味で受け入れているのかをめぐる、議論と論争の余地がある。私は、存在了解は必ずその解釈をともなう、というハイデガーの見解に、問いに対するハイデガーの答えを読み取りたい。たとえどれほど意識されていなくとも、私たちの日常的な行為は、それをめぐる解釈（とそれにともなう概念化）を受け入れる。私が講義でチョークを使うという配視的な了解は、チョークが折れて使えなくなったときには、「チョークが折れて講義がうまくいかない」というような解釈を出現させるのであり、このような解釈は、概念的な――ハイデガー自身の言葉を使うなら「分節化（Artikulation）」の――能力を前提にしてはいるが、命題と推論の一部となるという意味での概念化とは異なる。二重視覚システム論を推進している研究者たちは、背側系と腹側系の認知経路が統合されて相互作用を遂行していることに注意を払っている[21]。もし、この相互作用についての見方が安定すれば、ハイデガーの了解と概念化をめぐる問題を解決するために、もう一歩の前進が与えられたことになるだろう。

注

（1）Jerry F. Foder, *The Language of Thought* (Cambridge MA: Harvard University Press, 1975).

（2）Ibid., vii.

（3）Ibid., Ch. 2.

（4）Tim Van Gelder, "What Might Cognition Be, If Not Computation?" *The Journal of Philosophy* 92, no. 7 (July 1995): 345-381.［（中村雅之訳）「認知は計算でないとすれば，何だろうか」門脇俊介・信原幸弘編『ハイデガーと認知科学』（産業図書、二〇〇二年）所収］

（5）Ibid., 352.

（6）William Bechtel, "Representations and Cognitive Explanations: Assessing the Dynamicist's Challenge in

Cognitive Science," *Cognitive Science* 22, no. 3 (July-September 1998) : 295–318; Andy Clark, *Mindware: An Introduction to the Philosophy of Cognitive Science* (Oxford: Oxford University Press, 2001).

(7) Andy Clark and Josefa Toribio, "Doing without Representing?" *Synthese* 101, no. 3 (December 1994) : 419. [(金杉武司訳)「表象なしでやれるのか?」『ハイデガーと認知科学』所収]

(8) Robert B. Brandom, "Heidegger's Categories in *Being and Time*," in *Heidegger: A Critical Reader*, edited by Hubert L. Dreyfus and Harrison Hall (Oxford UK & Cambridge USA: Blackwell, 1992), 59.

(9) Clark & Toribio, 428.

(10) Ibid., 421.

(11) Ibid., 403.

(12) Andy Clark, "Visual Experience and Motor Action: Are the Bonds Too Tight?" *The Philosophical Review* 110, no. 4 (October 2001): 496–499. [(吉田めぐ美訳)「視覚経験と運動行為」『現代思想』(二〇〇五年一一月号)]

(13) Lawrence Weiskrantz, *Consciousness Lost and Found* (Oxford: Oxford University Press, 1997).

(14) A. David Milner and Melvyn A. Goodale, *The Visual Brain in Action* (Oxford: Oxford University Press, 1995).

(15) Clark, "Visual Experience and Motor Action: Are the Bonds Too Tight?" 502–503.

(16) Milner and Goodale, 168.

(17) Junichi Murata, "Perception and Action —— Unity and Disunity of our Perceptual Experience," *Proceedings of 2nd International Conference of PEACE: What is Experience —— Perception, Science, and Life-World* (The University of Tokyo Center for Philosophy (UTCP)) (2006): 122–133.

(18) Alva Noë, *Action in Perception* (Cambridge MA: The MIT Press, 2004).

(19) 門脇俊介「知覚経験の規範性」『哲学雑誌』第七九二号(二〇〇五年)、四五―四六頁。

(20) Noë, 8.

(21) Milner and Goodale, Ch. 7.

第5章　見えないことの存在論とテクノロジー

1　見えないことの存在論

ユビキタスコンピューティングの概念のなかには、それが生活の環境の至る所に設置されて機能するということだけではなく、コンピューティングに関する個々の技術が、背景に退いて「見えない(invisible)」ものになることが含まれている。見えないことは、ただ含まれているというより、むしろ、ユビキタスコンピューティングの本質をなすもののようである。

このことを、「見えないこと」の哲学に遡って考え直してみることが本章の課題である。「見えないこと」の三つのレベル(第二のレベルと第三のレベルは連関している)を、区別することから始めよう。

意識の制限としての見えないこと

第一のレベルは、ただ単に、私たちに現に見えていないということである。どこか遠くにあったり、隠されていたりして、確かに目の前にないといって、私たちはそれを探しに行ったり、見に行ったりするし、あるいは見えないのだからといって無視したりする。私たちの普通の常識では、見えないことは、見えていないものそれ自身にとっては本質的ではない。例えば、自然法則は私たちには見えないが、探求されるべきものとして存在し、現実に働いている。私たちに見えないからといって、自然法則が存在しなくなったり、その本質が変わったりしてしまうわけではない。見えたり理解したりすることは、私たち意識を持った人間には重要だけれども、自然法則が見えないことは、自然法則の実在や本質には関係のないことである。また、物体の見えない部分は、見えないからといって存在しなくなるわけではなく、私たちの知覚が制限されているがゆえに、目の前に現れてこない「見えないもの」になっているだけなのだ。

技能的透明性としての見えないこと

だが、見えないことには、物事の本質や実在がただ隠されているというだけの、消極的な意味しかないというわけではない。私たちの日常の生活が本当はどのように成立しているのかを理解するためには、見えないことの積極的な意味を考えなくてはならない（第二のレベル）。技能的透明性（transparency）とか親密性（familiarity）という言葉で、その意味をとらえてみたらどうか。「透明性」というのは、光が通過可能だから向こう側が可視的になっている、という意味と混同されそうだが、そうではなくて、私たちが道具を使うときの技能的なふるまいにおいては、その道具が目立たずに使われている、そうした意味で「見えなく」なっていることを表す。道具というのは、もともと見えないような仕方で、目立たない透明な仕方で使われるからこそ道具である。つまり道具らしさを発揮するということは、まさに見えなくなることなのだ。私がペンを道具として使い始めるとき、ペンは特定の色や形などの属性を担っている対象であることをやめて、私と私の仕事を透明な仕方でつなぐ媒体に変身する。

技能的透明性という考え方は、最近では、認知科学、心理学、あるいは哲学などの多様な研究領域で、注目を集めている。従来の人間研究は、熟慮して意志を行使するとか、事物を理論的に観察するとか、技能的透明性とは反対の人間の行動様式に焦点を当てて探究を続けてきた。しかし、私たちの日常の生活の大半は、熟慮や観察より根源的な、技能的なふるまいで満たされているのではないか。道具が見えなくなり透明になるとき、私たちの方も、道具に対して身体的な熟達を成し遂げていて、自分自身に対して透明になる。熟慮や観察という私たちのあり方は、私たちの日常においてきわめて例外的な存在様式であって、この存在様式と一緒になって、理論的認識の対象としての世界も——透明ではない対象や障害物として——出現してくることになるのではないだろうか。

ここ四十年ほどのあいだに発達してきた認知科学のなかでも、技能的透明性を重視する立場を「第三世代」と呼ぶことがある。人間の知能を、記号的な表象の計算ととらえる初期の人工知能研究を第一世代だとするなら、脳の神経回路網における情報処理を研究することによって、知能の本来的なあり方を探るコネクショニズムが第二世代。第三世代の認知科学によれば、人間の認知と行動は、心の中で知覚されたり計算されたりする内的表象を用いずに、世界・環境と直接にカップリングされるのであり、身体的熟達と道具との関係は、こうしたカップリングの典型なわけである(1)。

すでに本書第4章で説明したことだが、認知科学の話題からもう一つ、二重視覚システム論という考え方に触れておこう。私たちが普通物を見るというときに、意識に何かが映って、行動がそれに導かれるというふうに考えられることが一般的である。このような意識的な視覚は、じつは私たちの行動を補助的に導いているだけで、行動の大半を導いている視覚は、本当は意識的な仕方で環境を見てはいない。二重視覚システム論を主張する研究者たちによれば、意識的な視覚と無意識的な(!)視覚は、それらが使う脳の経路にも違いがあるというのである。意識的な理論化をやめて環境へと没入していく、透明な技能的なふるまいの認知は、意識的な観察とは区別された、無意識的な知覚を用いるのかもしれない。——二重視覚システム論と技能的透明性の概念とをどのように関連させて議論すべきかについては、認知科学者や哲学者のあいだに、まだ基本的な一致があるとは言えないので、今述べたことは、私の現時点での哲学的思弁にすぎない。

存在論的透明性——ハイデガー

近代科学と技術を呪詛する二十世紀のロマン主義者と目されてきたハイデガーの哲学は、意外なことに、第3章で述べたように認知科学の分野で、一九七〇年代以降しばしば話題に上るようになってきた。

最初は、前期の代表作『存在と時間』のハイデガー哲学が、人間知性を人工的に再現できるとする、認知科学の第一世代に反対するインスピレーションを与える思想として引用されたのだが、第一世代に対して言わば「否定的」に対立させられていたときの、ハイデガー哲学の主張は、第三世代の発想を先取りするものであった。ハイデガーこそ、日常的なふるまいと道具使用の状況に注目して、目立たないことか、透明であること、邪魔にならないことの意味を初めてポジティブにとらえた思想家だったのである。

ハイデガーは、「本当に存在するものは何か」というギリシア以来の哲学的存在論の問いに答えようとして、従来は、物体と心の二種類の存在に付随するだけとみなされていた、「道具」の存在に注目する。(2) 道具は、普通の物（さらには心）とは、根本的に異なった存在である。それはまず、意識的知覚や科学のような理論的認識に対しては決して現れることがなく、環境内で実践的に交渉する技能的なふるまいに対してだけ出現する。また、理論的認識がとらえようとするものは、認識によって目立たされ、主題化されることによってますます、その真相を明らかにするのに、道具は、目立たず透明に使用されることをやめたとたん、道具であることをやめてしまう不思議な存在である。

さらに最も重要なのは、道具が、仕事場や文化のような、ローカルな状況全体（ハイデガーの術語では世界）の内部でのみ、意味を持つ存在だということである。「ローカルな状況全体」とか「世界」というのは、日本語の文化圏とか、あるいはもっとローカルな大学生活とか、——もう廃れてきてしまったのかもしれないが——日本型会社社会とか、そのうちで人間の行動様式と環境とが相互に依存しあっているような、独自の社会のまとまりのことを指す。

男性社員のところへお茶を運ぶために、女性社員が道具として使っているお盆は、誰かがお茶を運んでいく行動様式と運ぶ相手が成立しているような、日本型会社社会や——あるいは類似の構造が成立している——状況全体を背景として用いられることでしか、一つの道具ではありえない。ここでハイデガーが述べている、道具の三つの条件、つまり、実践的交渉のうちで、目立たず透明に、ローカルな状況全体（世界）を背景として用いられる、という三つの条件は、ただ単に道具の道具らしさという性質を表しているのではない。それらは、道具の存在の条件であり、ハイデガーは道具の存在論を提案することによって、従来の存在論ではまったく素通りされていた、世界の重要な位相に目を向けさせた。したがって、道具とその使用の技能的透明性は、「存在論的透明性」とでも名づけられるレベルに、引き上げられているわけである（第三のレベル）。

ハイデガーは、透明性が道具に存在論的に属しているだけではなく、道具の出現の背景となっている状況全体・世界もまた、目立たない仕方で理解されていなければならないと考えていた。私たちは、大学世界や日本型会社社会に住んでいて、その内部で女性事務員や社員が、お茶を運ぶということはどんな意味を持つか、そうしたローカルな状況全体の内部で、お茶を運ぶ道具にどんな意味があるのかということを、特に意識しなくても理解している（あるいは、理解していた）。意識しないで理解されているのでなくては、つまり背景になって目立たないという仕方で働かなくては、状況は大変居心地の悪いものだろうし、道具や道具の使用を支えることができない。女性社員がお茶を持ってくることの意味は、日本型会社社会に住まっている構成員の慣習や技能のレベルで理解されているのであって、そうした理解を、文書化可能な規則や命令によってコントロールしようとする努力が生ずるのは、そうした理解が消滅しつつあるときなのである。私たちの社会の理解にとって不可欠ではあるが、あまりにも自明で意識されることなく働いていた背景の存在に、それが壊れてしまってから、ようやく気づかされるときのことを思い起こしてみよう。

2 見えないテクノロジー

ハイデガーは後に、今述べたような背景や状況重視の存在論を下敷きにしながら、近代テクノロジー批判を展開することになる。現代世界の核心を形作っているのは、私たちが意識的に制御できないテクノロジーの全面的な支配なのだ、というような発想を示すことで、ハイデガーは今日のテクノロジーの哲学の祖の一人となった。しかし、ハイデガーに対する厳しい批判もやむことはない。彼は結局、私たちの技能的なふるまいを支える背景となるものが、近代テクノロジーに取って代わられてしまったこと、もっとあからさまに言えば、背景との根源的なつながりを保っていた古代ギリシア的な世界が喪失されてしまったことを呪詛する、時代遅れのテクノロジー嫌いでしかないのではないか。私自身は、思想界に流通しているこのハイデガー像は訂正すべきだと考えている。テクノロジーによって、何か大事なものが消滅してしまうということが問題なのではなく、現代のテクノロジーもまた、テクノロジーの内部に取り込んで制御することが不可能な、背景としての世界を必要としているということこそ、ハイデガーの強調したかったことなのではないか。現代社会を脅かしている最大の危機は、私たちの科学や政治の思想が、この必要性を忘却させるように強いていることではないか(3)。

坂村健やM・ワイザーが提唱し、試行的に現実化してきたユビキタスコンピューティングのテクノロジーは、ハイデガーのテクノロジー批判が際立たせようとしていた問いかけを、もう一度私たちに突きつけている。ユビキタスのテクノロジーによって、個々の技術が意識の前から見えなくなることが、何を意味するのか。

静穏なテクノロジー――ワイザー

見えないテクノロジーという観念を理論的に洗練したワイザーは、第二のレベルの技能的透明性が道具らしさを作るものだということを、明確に意識していた。彼が引用しているいくつかの文献を見れば、彼が第三世代の認知科学に連なる知的伝統のなかにいること、あまつさえこの伝統を通して間接的に、前期のハイデガーと哲学的につながっていることが分かるだろう(4)。ワイザーは次のように述べる。

よい道具は見えない道具である。見えないということの意味は、道具がわれわれの意識を邪魔しないということである。われわれは仕事に集中するのであり、道具に集中するのではない(5)。

テクノロジーの課題が、私たちの技能的透明性を妨げない「よい道具」を作り出すことにあるのなら、ユビキタスコンピューティングが約束するものは、透明性を保持したさまざまな「よい道具」を作り出すことにあり、この多様化を可能にする技術は「静穏なテクノロジー（calm technology）」と名づけられるものである。

さらにワイザーは、道具の存在論的透明性（第三のレベル）をなす最も重要な条件にまで、言い及ぶ。

テクノロジーは、周縁（periphery）により多くのディテールを持ち込むことによって、周縁の範囲を増大させることが可能である。……静穏なテクノロジーのもたらすものは、われわれを元の居場所、親密な場所に連れ戻すことである。(6)

静穏なテクノロジーは、単に、見えなくなる道具をいろいろ作ることにあるだけではない。それはむしろ、道具が見えないままで機能できる範囲、つまり「周縁」を拡張することによって、道具とそれに対応する技能が、安定して相互作用できる場所を確保しようとしている。そのような場所とは、健常者にとってはあって当たり前かもしれないが、身体的なハンディのある人には再び回復されるべき環境であったり、これまでにはなかったより快適で安全な環境なのかもしれない。いずれにせよ、静穏なテクノロジーは、一つの道具にではなく、その道具が目立たずに用いられるための、ローカルな状況全体や背景をも考慮しなければならないのである。

周縁をデザインする

しかし、ここが絶対に大事な点だと思うのだが、ワイザーのような、あるいは坂村健のようなコンピュータ・エンジニアは、静穏なテクノロジーに関して何をするのかということである。彼らはただ周縁が大事だと言っているだけではない。周縁を作る、デザインするというように言っているのだ。例えばワイザーは、見えないコンピューティングのテクノロジーは、ヴァーチャル・リアリティのテクノロジーとはまったく異なったものなのだと強調しながら、自分たちがデザインする周縁を、「身を与えられた情報潜在能力（embodied virtuality）」として特徴づけている。

ヴァーチャル・リアリティと、ユビキタスな、見えないコンピューティングとのあいだの考え方の対立は激しいので、われわれの仲間は、コンピュータを電子容器から引き出す過程を示そうとして、「身を与えられた情報潜在能力（embodied virtuality）」という言葉を用いている。コンピュータが読むことの可能なデータの「情報潜在能力」――データが変形され、処理され、分析されうるすべての多様な仕方――が物理的世界へと持ち込まれる。(7)

ここで virtuality という言葉を、「情報潜在能力」と補って訳したが、要するに、情報・データの読み取りや解釈を行う能力を指す。「身を与えられた」と訳した embodied という言葉は、第三世代の認知科学でもキーワードの一つになっているものだが、心や脳、あるいは金属やプラスティックの容器のなかにだけ、情報や情報潜在能力が存在するのではなく、脳や容器の外部環境に必要な情報や能力が備わっているか移されているということである。周縁のデザインとは、この情報と情報潜在能力を外部化するためのデザインにほかならない。

ワイザーが言っているような「周縁」を、次のように定義すればよいのかもしれない。「何かのために」情報についてデザインされた親密な居場所の条件、であると。ただ何もしないで与えられた親密な居場所だったら、普通の周縁にすぎないのだが、コンピュータ・デザイナーの行っていることは、背景や親密な居場所を、何かのためにわざわざデザインすることなのである。

ワイザーは、ユビキタスコンピューティングが実現されるためには、三つの条件が進展する必要があると考えている。ハードウェア、ソフトウェア、ネットワークの三つであって、これらはどれも部分的に実現されつつある。もちろん、それらは必要条件にすぎないのであって、周縁それ自体のデザインの課題は、それらとは異なるはずだ。ユビキタスコンピューティングが依存している直観は、仕事をするときには道具はすっと消えていって、かつ、その道具が溶け込む背景が与えられていなければならない、というだけのことである。けれど、周縁のデザインを敢えてなそうとすることは、それより一歩進んで、私たちが道具を使うときに背景となっている周縁をもう一度つくり直してみようとすること、あるいはそれを改変しようとすることだろう。その周縁をどうデザインするのか、またそもそものデザインは一体「何のため」なのか。これこそが、最も重要で困難な課題になるのではないだろうか。

私が目を通した限りでは、坂村健の多くの著作のうちで最も魅力的なのは、『Tron Design』というデザインブックだと思う。[8] この本の坂村は、小さなオフィス用品から、一軒の家、あるいは町にいたるまでさまざまなものをデザインしている。しかし、周縁のデザインというのは、文房具や家や町並みのデザインだけでできるものではなく、社会や文化をも含んだ、背景としての世界のデザインでもなければならない。つまり、ユビキタス的なものを支援する社会、ユビキタス的なものが埋め込まれることに応じてセキュリティを見直していく社会、責任の分担を明確にする社会、すべて作らなければならない。だから最近の坂村の著書は、警世の書、つまり、どれも社会を変えようと呼びかけている本として読める。そしてこれは、周縁や背景をデザインすることを求める、ユビキタスコンピューティングの技術者からの、当然の希望の表明だということになるだろう。[9]

それでは坂村らは、かつての社会工学者の現代版なのだろうか。ある意味ではそうだと認めざるをえないが、そう規定するだけでは不十分である。ワイザーや坂村という人たちは、これまでは十分に意識されていなかった、周縁をデザインしようと試みることで、社会的要素を明示化して取り出した上で操作しようとする人々とは、まったく異なった道を歩み始めているからである。それは結局、電子情報のやりとりだけに限られる意味ではあれ、背景としての世界をデザインしようとする野心であり、人間自らが、その本来的な背景（社会、文化、歴史）を作り出そうとする、テクノロジーの新段階に歩みを進めつつあるということなのだ。

したがって彼らの試みは、背景としての世界が忘却されているという、ハイデガーのテクノロジー批判が差し向けられていた状況からの、間違いなく「転回」なのである。しかしこのような転回によって、私たちは、より困難な次の状況へと踏み込まざるをえない。背景としての世界をデザインすることは、おそらく、宇宙のなかで最もデザインしにくいものを設計しようとすることではないのか。近年進化論に反対する人たちが、人間の持つ高度な知性はきわめて高度な（神のごとき）デザイナーなしでは、地球上に存在しえなかったという説を声高に広めようとしている。私から見ると、彼らの考えこそ、近代テクノロジーの根底にある姿勢——背景としての世界は知的に制御可能である——を、あられもなく映し出しているものだ。社会、文化、歴史といった背景としての世界は、神によるデザインでさえ作り出せなかったものかもしれない。「かもしれない」という言葉を使ったのは、私たちは背景の創出のメカニズムをいまだに、理論的に手にしたことがないからである。ユビキタスコンピューティングのデザイナーたちの仕事が、私たちの出会ったことのない困難と危険を引き出すかもしれないことは疑いない。それだけではなく、その仕事が、背景についての新しい意識と理論とをもたらすかもしれないこともまた、心に留めておかなくてはならないだろう。

注

（1）本書第3章を参照。Andy Clark, *Being There: Putting Brain, Body, and World Together Again* (Cambridge

MA: The MIT Press, 1997)、門脇俊介・信原幸弘編『ハイデガーと認知科学』(産業図書、二〇〇二年)などを参考にできる。

(2) SZ, §15.

(3) "Die Frage nach der Technik" in VA. この論文についての私自身の見解は、本書第6章、および、門脇俊介『現代哲学の戦略——反自然主義のもう一つ別の可能性』(岩波書店、二〇〇六年)第9章で論じた。

(4) Paul Dourish, *Where the Action Is: The Foundations of Embodied Interaction* (Cambridge MA: The MIT Press, 2001) を参照。

(5) Mark Weiser, "The World is not a Desktop," (http://www.ubiq.com/hypertext/weiser/ACMInteractions2.html, 1993) (accessed April 30, 2005).

(6) Mark Weiser and John Seely Brown, "Designing Calm Technology," (http://www.ubiq.com/hypertext/weiser /calmtech. htm, 1995) (accessed April 30, 2005).

(7) Mark Weiser, "The Computer for the 21st Century," *Scientific American* 265, no.3 (1991) : 94-104.

(8) 坂村健『Tron Design 1980-1999』(パーソナルメディア、一九九九年)。

(9) 坂村健『ユビキタス・コンピュータ革命——次世代社会の世界標準』(角川書店、二〇〇二年)などの著作を参照。

第6章　詩作する理性

1　『ニーチェ』講義の一節を巡って

一九六一年に公刊されたあの二巻本の『ニーチェ』講義に接する者は、おそらく、自分が標《しるべ》のない白雪の広野に迷い込んだかのような心地を味わうのではないだろうか。この著作においては、一切が明晰に語られてはいるが、くっきりと表示された中心というものを見つけることができない。ニーチェの言葉の一つ一つに対する適切な応答、西洋の形而上学の運命への明敏な洞察と続いて、なおわれわれは、ハイデガー自身の声高な主張というものを聞くことができないでいるのだ。その理由は、この著作が単なる解義の書であるということに存するのではないだろう。むしろ、確たる基礎を持った判断や、自明で流通しているものを当てにした断定が差し止められている圏域で、ハイデガーが語りだしているからである。形而上学の内部から形而上学の本質を限定し、しかもその破壊を行う作業は、形而上学をまったき他者とみなして、それに対してはっきりと区画された自己を表現する、という仕方では展開されないのである。だが、もしわれわれが知識論の要請する諸々の哲学的公準から自由になっているとすれば、『ニーチェ』講義の白い広野に描き出された微かな紋様を読み取る可能性も開けてくるのだし、ハイデガーの思索の来し方と行く末とを同時に指し示すであろうしるしを、そこに見出すこともあるのである。

『ニーチェ』講義第一巻の終り近く、「認識としての力への意志」という題目の下にまとめられたニーチェの遺稿を解釈する一連の諸節（一九三九年）のなかに、「理性の詩作的本質（Das dichtende Wesen der Vernunft）」と題された一節がある。(1) ここでハイデガーは、「同一なるもの（das Gleiche）へと詩的に案出する（ausdichten）ことが理性の発展だ」(2) と述べるニーチェの一句を、さらに「理性の本質は同一なるものを詩的に案出することのうちに存する」(3) と読み変え、理性がどのような意味で「詩作的」なのかを明らかにする。人がゆるやかな傾斜の草地に見る一本の白樺の木。その物の示す色彩や形態や雰囲気の多様にもかかわらず、そこに知覚されるのは、同一の（gleich）白樺の木である。こうした経験は、現出する多様な相貌を、後から一本の木に属するものとして、綜合し推論することによって可能になるのではない。事後のどんな推理をも要することなく、われわれは初めからこの木が同一の白樺であることを知っていた。白樺の「同一性」はあらかじめ了解されていたのであり、このことなしには、白樺との出会いはわれわれには閉ざされていたであろう。「われわれがあらかじめ、与えられるもののそのつどの多様性を越え出て、そのつど与えられる所与のうちでは存在しないもの、ある《同一のもの》、すなわち自同なるもの（Selbiges）を定立する場合にだけ、われわれは諸々の光景の変転の不思議を経験しうる」のである。(4)だがこの「同一性」は、眼前に据えられた光景のように現前することのないもの、通常の意味では与えられていないものである。知覚的経験における同一性の定立が、「創出（Erdichten）」、「詩的案出」という性格を持つと言われるのもそのためだということになる。

もちろん、事物経験にさいしては、「同一性」だけがあらかじめ定立され、予料されているのではないだろう。その白樺の木はどのような性質を持ち、どれくらいの大きさで、他の生き物や大地とどのような関係にある、等々といった事柄が、われわれの経験には属しているからである。これら「質」や「量」や「関係」などの「カテゴリー」もまた、知覚的に現前することなく、すでにあらかじめ了解されているはずであり、理性によって「詩作」されているはずなのである。理性のカテゴリーは、「詩的案出の地平」として、存在者が対象として現出するための「開放された場所（freie Stelle）」(5)を提供するものなのである。

しかし、「理性の詩作的本質」を発見したのはニーチェが最初ではないとハイデガーは言う。ニーチェはそうした本質をすげなく不十分な仕方で強調しただけなのだ。むしろ、理性が詩作的な存在であることを思索し抜いたのはカントであって、「超越論的構想力（transzendentale Einbildungskraft）」の教説に見出される理性の詩作的「力」への洞察に、ドイツ観念論の絶対的理性の形而上学はその基礎を負っているのだ、と。(6)われわれは、ここで直ちに、ハイデガーのカント解釈の核心へと送り返される。

一九二九年の『カントと形而上学の問題』（以後『カント書』と呼ぶ）は、カントの『純粋理性批判』を形而上学の基礎づけの書として規定し、その基礎づけの問いが、人間と存在者の出会いの条件となる「存在論的認識」の問いへと究極することを主題として論じていた。そしてそのさい、存在者を出会わしめる「存在論的認識」、すなわちわれわれ人間の「超越（Transzendenz）」の根底に、「超越論的構想力」がはたらいていることを確証していたのである(7)。

周知のようにハイデガーは、「超越論的構想力」を「心の不可欠ではあるが、盲目的な機能(8)」としたカントが、『純粋理性批判』の第一版の演繹論で遂行した分析を高く評価し、第二版で「超越論的構想力」が「悟性」の能力と解されることを批判する(9)。前者第一版の演繹論では、「構想力」が、認識における「綜合一般」の能力として、その「時間的」、「感性的」性格に関して論じられ、またこのことから、人間的主観の「有限性」を問題としうる地平が開けてくる、という点が第二版とは異なるのである。その第一版の演繹論の扱う「綜合」とは、「直観における覚知（Apprehension）」、「構想力における再生（Reproduktion）」、「概念における再認（Regnition）」の三種の綜合だが、「直観」、「（再生的）構想力」、「悟性」の三能力にそれぞれ配分されるはずのこれらの綜合が、実は、「超越論的構想力」という一つの綜合能力の様態として理解されねばならないというわけなのである。換言すれば、「覚知」、「再生」、「再認」という綜合は、「超越論的構想力」が、「現在」、「過去」、「未来」という時間性を形成して自らを展開するさいの機能を言うのであって、三種の心的能力によって別個に生み出された成果ではないのである。

だが今は、ハイデガーのこうしたカント解釈の議論の全体を吟味し、その成否を決する機会ではない。

重要なのは一点、「超越論的構想力」の三つの綜合的機能のうちでも、とりわけ、「再認」に与えられた意味を読み取ることであろうと思う。というのも、（いささか先取りして述べれば）、ハイデガーがこの「再認」のうちにこそ、「超越論的構想力」の中心的機能を見ているからであるし、さらにまた、「概念における再認」と「未来」的時間性とを結合して語ることの異様さが、いくばくかの解明を要求しているからでもある。

なるほど、「再認」の綜合は、「思惟」による概念的統一を指すはずであり、この意味で時間的性格づけからは最も遠く隔たっているように思われる。しかも『純粋理性批判』は、「再認」と「未来」との結びつきについては、まったく口を閉ざしている。他方、カントの念頭にある「経験的直観」の例は、「覚知」と「再生」に関してなら、対象構成における両者の時間的性格を、少しく判明な形で教えてくれているのだが。――例えば、「このもの」についての直観は、われわれに多様な感覚的印象を与えるだろう。そのさい、「今、これ」、「今、これ」……という仕方で、多様が各瞬間ごとに区別されて表象されないなら、多様は多様として経験されることはない。だから、感覚的印象の多様を「今継起」として概観し結合する「覚知」の綜合が、「現在」の地平を形成する機能として要請されることになる。さらにこの綜合が、一つの表象を全体として捕捉しようとするなら、先行する「今」のうちで与えられた表象が保持されていなければならず、「過去」の地平を形成する「再生」の綜合が、そこに必然的に伴われていなければならない。――ここまでならカントの論述とハイデガーの解釈との間に、一定の対応関係を認めることもできる。

しかし「再認」の時間性を論ずる時、[10] ハイデガーは大きくカントを踏み越えてゆく。[11]

2 「再認」の問題

十全なる表象であるためには、現在的に受容する「覚知」は、なお、過去の表象を保持する「再生」を要すということは今触れた。しかし、このような可能性が成立するためには、さらに、現在直観されているものと、以前に直観化され再現されているものとが、「同一（dasselbe）」なものとして「再認」されている必要があろう。例えば、一連の継起する表象のうちで、同一の花を見ているというように。「覚知」と「再生」の綜合の両者のうちには、この「同一化」のはたらきはない。それをなすのは「概念」による統一・綜合なのであって、「概念」の与える規則（先の「花」の場合なら、その概念のうちにどのような直観的表象の可能性が含まれているかに関する）こそが、対象の直観的経験を可能にするのである。そうだとすれば、「再認」は他の二つの綜合と並列するものであるよりは、両者をあらかじめ導いて、出会われるべき存在者の領域を概念的に規定しておく「はたらき」だということになるのではないか。ここにハイデガーは、「再認」の時間的性格とその優位を見出す。「再認」は、経験しうる対象の領域の全体を統一的に「あらかじめ保持しておく（vorhalten）」[12] という意味で、「未来」として時熟する。『カント書』の下敷きとなった一九二七・八年の講義『カント《純粋理性批判》の現象学的解釈』では、よりはっきりと、「再認」の綜合が、「いずれかの仕方で事実上顕わにすることができかつ覚知と再生においてわがものとしうる全体の、先取的企投（vorwegnehmender Entwurf）」[13]、もしくは、「提示可能な存在者に関する領域的統一性の、先行的に予期しつつあること（vorangehendes Gewärtigsein）」[14]であるとされ、「先認識（Prae-cognition）」の綜合という名称で言い換えられさえするのである。

『カント書』が「超越論的構想力」に関して下すこの論定は、留意すべき二つの点を含む。

第一に、『ニーチェ』講義が論じていた「理性の詩作的本質」は、『カント書』で明るみに出された、「超越論的構想力」の「先取的企投」のはたらきに対応するものだということである。『ニーチェ』講義の挙げる「同一性の定立」としての「詩的案出」は、「再認」における「同一化」の綜合と、ほぼ重ね合わせることのできる事態であるのだから[15]。

第二に、「理性の詩作的本質」の場合にせよ、「超越論的構想力」の「再認」の場合にせよ、認識を「先取的企投」のはたらきから基礎づけるこの態度は、主著『存在と時間』（一九二七年）を貫く根本モチーフの変奏に他ならないということである。よく知られている通りハイデガーは、『存在と時間』において、「現存在」の存在たる「気遣い（Sorge）」の存在意味が「時間性」から了解しうることを主張し、同時に、「未来（Zukunft）」、「既在（Gewesenheit）」、「現在（Gegenwart）」という時間の脱自的地平のうちでも、とりわけ「未来」の地平に優位を与える[16]。それは、死への「先駆的決意性（vorlaufende Entschlossenheit）」という「実存」の可能性こそが、人間の最も本来的な存在の仕方だとする哲学的決定からの帰結であり、またそれ以上に、おのれ自身や他者（事物と道具を含んだ意味での）との出会いが、常に、「現在」を越えた全体を非現前的に予料、了解することに導かれてのみ生起しうる、という洞察からの帰結である。「先駆的決意性」という実存の「本来性」を離れた、道具との日常的交渉の場面（「配慮（Besorgen）」）においてすら、われわれの生は「先取的企投」のはたらきに支えられている。ある道具の使用、つまり、道具への「現前」は、その道具の「指示（verweisen）」する「用途」から最終の「目的性・主旨（Worum-willen）」としての「現存在」へと至る、現前することのない全体連関を、あらかじめ了解、企投することによってのみ可能となるのである。[17] この（非本来的）企投の時間的性格を、ハイデガーは「予期」と呼ぶ。このように見てくれば、「経験的直観」に即して把握される「先取」のはたらき（『カント書』、『ニーチェ』講義における）も、『存在と時間』の「了解（企投）」概念を、知覚の領域に適用して取り出されたものだということが分かるだろう。哲学史的な関連で言えば、ハイデガーはこのこと（知覚と使用の予料性）を、恐らくはフッサールの「志向性」概念から学んだと思われる。しかも、カント理解に関して最も遠く離れているように見えるカッシーラーとハイデガーの両者が、意外なほど接近するのも、この点においてなのである。カッシーラーの『象徴形式の哲学』（一九二三・二五・二九年）においては、日常の「直観的世界」の成立が、単なる現前する感覚的印象の集積としてではなく、個々の直観的契機が非直観的な部分を指示するという記号的な機能（Repräsentation）から解明される。現前する契機がいつもそれ以上の非直観的全体を「表示（darstellen）」することを、カッシーラーもカントの「再認」[18] および「超越論的構想力」[19] に結びつけて理解し、特に後者を、知覚を全体として可能にする「根源的形成の作用」[20] と呼んでいるのである。さらに、同じ記号論的構造は、未来の「目的」を「予料」する行為のうちにも見出される。行為の「目的」は、現前することなく記号的に表示されているだけだからである。しかしカッシーラーは、「言語」、「知覚」、「行為」のどれにも内在する記号の「表示」機能を、統一的に時間性に遡及させて基礎づけることはなかった。

確かにそうかもしれない――と人は聞き返してくるだろう。確かに、知覚や道具の使用のうちに、非現前的に志向するはたらきが潜むのは本当かもしれないし、「理性」という名称の下にそれらの機能を包括して論ずることも許されるだろう。しかし、なぜそうしたはたらきと「詩作」とが結びつけられて論じられねばならないのか。„Das dichtende Wesen der Vernunft“という一句を、ことさら「理性の詩作的本質」と訳出したのはどうしてなのか。„dichten“という語の二義性（「詩作する」と「案出する」との）が、ここでは故意に見落されているのではないか。

『ニーチェ』講義のハイデガーも、この疑念の正当さを証する。「思考すること（Denken）がどれも思索的（denkerisch）であるわけではないのと同じく、„dichten“と„ausdichten“のどれもが、既に詩人的（dichterisch）であるわけではない(21)」、と。理性の内含するはたらきとしての„dichten“は、「現前する実在とかかわらない」という意味でなら、詩との類縁性を持つかもしれないが、他の点では、それと対立するものではないのか。『ニーチェ』講義は、同じ節でニーチェの別の言葉を解釈しながら、理性によって„dichten“された「目的性（Finalität）」が、実は当の理性の本質を成すのだと結論を下しているのだから。[22] なるほどその通りだ。知覚を可能にする非現前的志向のはたらきが、知覚的現前を目指す「目的論」を形成し、[23]道具との交渉のうちには、さらに判然と「目的連関」が認められるということは。詩とはこうした「目的論」を絶滅するところに成立している。また、『ニーチェ』講義が、「意志」の形而上学の完成者としてのニーチェその人を巡って展開されていることを考慮すれば、理性のはたらきとしての „dichten“ が、「目的論」の担い手としての「意志的」はたらきと重なり合うことによって、「技術・テクノロジー（Technik）」の概念へと連なることは当然の成り行きではないだろうか。そしてこのものこそ、後期ハイデガーの思索が、勝義の「詩作」との対比において、厳しく弾劾していた当のものではないのか。だからこの第6章が主題としてきた「理性の詩作的本質」の概念も、ハイデガーが後に肯定的にとらえ直してゆくものであるというよりは、（『存在と時間』、『カント書』における自らの立場をも含んだ上での）意志の形而上学に対する批判の途上で触れられているだけだということにならないか。

こうした疑念の一面は正しいと思う。『カント書』の「超越論的構想力」、『存在と時間』の「企投」、西洋形而上学の「目的論的意志」の三者が、いずれも非現前的に志向するはたらきとして、並列的に理解されるべきではなく、むしろ形而上学的意志を頂点にして垂直に系列化さるべきものであるということは。ハイデガーの形而上学批判は、こうした主観性のはたらきが意志として自立化し、一切を支配しうるという幻想を持つことに向けられる。主観性による支配の頂点には、「技術・テクノロジー」が位置する。[24] そしてこの支配への傾向は、「実存」の優位という意味で（おのれ自身への直観的現前という意味ではなしに)、『存在と時間』そのもののうちにも潜んでいたのである。なぜなら、おのれ自身の「存在しうること(Seinkönnen)」を、「目的性」として絶えず了解、企投してゆく現存在の「実存性(Existenzialität)」の開示する圏域のうちに、「存在了解」一般の可能性の下図も、あらかじめ描かれていたのであるから。「現存在の存在が、有意義性(Bedeutsamkeit)(世界)へと企投されていることと一つになって、究極目的、主旨(Worum-willen)へと企投されていることのうちに、存在一般の開示性(Erschlossenheit)が含まれる。諸可能性への企投のうちで、既に存在了解の内実は先取りされているのである(25)」。したがって、意志の形而上学の批判は、『存在と時間』の「実存の目的論(26)」にも向かうはずなのである。

しかし他面、こうして系列化された「構想力」、「企投」、「意志」のはたらきを、端的に「詩作」と対立させることが、ハイデガーの思索への適切な応答であるかということは、まだ決定しえぬ問題である。„dichten" という語のうちに、二つの事柄(意志的はたらきと詩作)が取り集められているゆえんが明らかにされぬままでいるからだ。もちろんわれわれは既に知っている。ギリシア語の「ポイエーシス(*ποίησις*)」が、「制作」と「詩作」との、包摂関係にありながらも区別された二つのはたらきを指し示すことを。しかしだからといって、この両者の関係を、そのまま「意志的はたらき」と「詩作」との関係へと転用することが許されようはずもない。「意志的はたらき」と「詩作」との二つのはたらきは、後期ハイデガーの思索のうちで、独自の先鋭化を被ることによって、単なる類種的包摂関係による理解の枠を大きく越え出てしまっているのである。だからその先鋭化の有様を少しく辿って、両者の関係を読み解くことを試みてみよう。

3　技術・テクノロジーとポイエーシス

「意志的はたらき」が「技術・テクノロジー」のうちで先鋭化され、はっきりと表立たされているということは、われわれにとっては見やすい。「技術・テクノロジー」とは意志が一定の「目的」を設定して、そのために一定の「手段」を用いることだ。しかしハイデガーの「技術論」(「技術への問一九五三年)は、こうした技術の一般的定義に停滞することなく、その定義の根底にある「技術の本質(Wesen)」の問いへと進む。そのさいハイデガーは、技術が手段‐目的連関によって、未だ現前せぬものを現前化するはたらきであると考え、その意味で技術は、隠されたものを「明るみへともたらすこと(Her-vor-bringen)」、「顕現化すること(Entbergen)」であるとする。[27] 古代ギリシアの「技術(τέχνη)」が、まさにそうした本質を示している。「家を建てる」とは、素材や型式や用途に応じて(すなわち、よく知られた「四原因」の仕方で)、「明るみにもたらされるべきもの(das Her-vor-zu-bringende)」としての家を出現させ、顕現させることなのである。

ところが一方、現代の技術・テクノロジーは、自然に適合した古代技術のあり方をはるかに踏み越えて、自らの立てた目的のために自然を利用し、収奪するはたらきである。それは自然を「役‐立たせ(be-stellen)」、その力を「表へ引き出すよう要求する(heraus-fordern)」という意味でのみ自然を「顕現化」する。[28] 確かにそこでも何物かは顕わになっているが、「役立たせられたもの（das Bestellte, Bestand）」という資格でだけである。かつて詩人の歌ったライン河は、水力を提供するという用途に関してのみ、今や現前し出会われるということになる。

しかし驚くべきことに、「意志的はたらき」の頂点ともいうべき現代技術について論じたすぐ後で、ハイデガーは、この技術による特定の存在者の「顕現化」が、実は人間の主体的はたらきに由来するものではないと断言する。人間的主体がまさにその中心であるはずのその体制のうちで、人間の優位が否定されようとは。しかし今日では、誰もが感じているのではないだろうか。技術・テクノロジーによって支配せんとする意志そのものが、与えられたもの、おのれにとってよそよそしいものであることを。ただハイデガーは、現代においてのみ、あるべき主体の喪失が生起していると説くのではない。人間は本来、存在（者）が顕現するその真理性、「非隠蔽性（Unverborgenheit）」を意のままにすることはできないのだ。だから人間が、本当に存在の真理を支配した時代というものはない。人間は思考し、はたらきかけ、役立たせ、表象しながら、多様な仕方で存在の真理に応ずるべく「呼び出され（hervorrufen）」ていただけなのである。「人間が自らのやり方で、現前するものを非隠蔽性の内部で顕現化する時、人間は非隠蔽性の語りかけ（Zuspruch）に応じているだけなのである。たとえ人間がその語りかけに反するように応じている所でさえ[29]」。

特に「役立たせる」という仕方でのみ存在者を顕現させるよう人間に「要求する[30]」もの、そうした意味で「技術」を支配する存在の顕現の仕方を、ハイデガーは「ゲシュテル（Ge-stell）」と呼ぶ。そしてこの「ゲシュテル」こそが「技術の本質」として、現代の人間を「最高の危険」[31]にさらしているものなのである。なぜなら、「ゲシュテル」の支配下にあっては、人間に対して顕わになるのはなんらかの目的のために「役立たされ」た存在者だけであるゆえに、人間自身の存在すらもが、そうした流儀でしか受け取られなくなっているからである。にもかかわらず人間は、自らに対して出会われる一切のものが、自らの支配下にあると幻想を持ち、それどころか、自分は至る所で自分自身（自ら意味を与えたもの）に出会っているとさえ盲信する。そのようにして人間は、自分が「存在」の「語りかけ」に応じて「脱存（ek-sistieren）」[32]しているのだということを忘却する。しかもそこでは、「役立たせる」という「顕現化」だけが支配することによって、他のより「根源的」な顕現化や、顕現化そのもの、すなわち、真理の本質さえもが隠蔽されることになる。

だがハイデガーは詩人の言葉を借りてこう続ける。「危険のある所、救い（das Rettende）もある」[33]と。「技術の本質」が「ゲシュテル」のうちにあり、技術による顕現化が人間の案出したものではない以上、そうした顕現化が、真理の側から「許容（gewähren）」されたものであることは認めねばならない。この「許容するもの（das Gewährende）」は、人間に存在の真理へと参与するよう要求している。人間は、その意味では、「真理の生起（Ereignis）」[34]に適合しそれを守るための特別な存在者であろう。「ゲシュテル」という真理を脅かす最も危険なものにおいてさえ、この真理の「贈り（Geschick）」を見ることができることのうちに、人間と真理を「許容するもの」との深く破壊し難い結びつきが現れている。「救い」とは、「最大の危険」においてさえ人間に真理を「許容するもの」のことであり、「ゲシュテル」はその「開花（Aufgang）」を蔵しているのである。しかもそれは、「人間の本質〔存在〕の最高の尊厳へと、人間の視線を向けさせ、人間をそのうちへと宿らせる[35]」からこそ救いなのだ。

「最高の尊厳」とは何か。

「最高の尊厳は、非隠蔽性およびそれとともにあらかじめ、すべての存在（Wesen）の隠蔽性を、この大地の上で守る（hüten）ことのうちに基づく[36]」。

ここでわれわれは、「技術の本質」から「詩作」へと至る通路が開けていることを知る。存在の「非隠蔽性」と「隠蔽性」、すなわち「アレーテイア（*ἀλήθεια*）」としての真理を守ることが、「詩作」の本質をなすことを、ハイデガーはしばしば示唆していたのだから。例えば、「芸術作品の根源」（一九三五年）の時期には、すべての芸術が、「真理を作品において創造しつつ護る[37]」という意味での「詩作（Dichtung）」だと語られていたのだし、後年の詩作論は、よりはっきりと右の事情を教えてくれている。「詩人的に人は住まう（dichterisch wohnet der Mensch）」というヘルダーリンの詩句を題名にしたその講演（一九五一年）は、当のヘルダーリンの詩に依りつつ、「詩作（dichten）」が、人間の「実存」としての「住む（wohnen）」ことをそれとして成立させている根本能力であると説く。その場合「詩作」とは、「知られざる神」（「存在」と解しうる――筆者）をその「隠れる（Sichverbergen）」がままに「現象（erscheinen）」させる真理の有様を、「天空」（顕わなる形象）を通して聞き取り語ることなのである。

「おのれを顕わにすることにおいて、まさに、おのれを隠すものを現象させる、しかもおのれを隠すものとして現象させるかのものを、詩人は、天空の光景へと呼び集める」[38]。人間の存在の根底には、存在者の真理性（非隠蔽性）を許容しながらも「おのれを隠すもの」に応答する「詩作」のはたらきが存し、このはたらきから、他の「非詩人的（undichterisch）」なはたらきも了解されるというのである[39]。

ここでは逆転が起っている。「詩作」はもはや、諸々の「ポイエーシス（はたらき）」のうちの一つではないし、根源的ポイエーシスの「ミメーシス（模倣）」でもない。むしろそれは、人間の他のあらゆるポイエーシスの可能性を守り開けておく原初のはたらきだと言えるだろう。現代の「技術・テクノロジー」は、何物かを「明るみにもたらす」という一面では、「真理」を守る「詩作」と通底するが、他面ではやはり、原初のポイエーシスの一局面だけが、極めて狭く自立化したものにすぎない。すでに述べた道具の使用や、同一者の知覚という人間のはたらきも、「詩作」的に開けられた存在（者）の顕現の地平が、さまざまな「目的」（生存、知……）に応じて方向づけられたものと見ることができよう。そうだとすれば、「詩作する理性」という表題のうちに取り集められた二つの事柄（意志的はたらきと詩作）を、そのあるべき場所で理解することができる。われわれの知や実践のはたらき（そうしてこれを「理性」と名づけてもさほどの不都合はないと考える）は、一方では深く「詩作」によって開かれたポイエーシスの可能性に支えられながら、他方、その起源を忘却して、意志の「目的論」や、「技術・テクノロジー」のうちへと固定化される傾向を持ったものなのだ。われわれの生と理性のはたらきは、根源的なポイエーシス（詩作）と最も危険なポイエーシス（意志 - 技術）という、二つの極の双方と、打ち壊し難い関係を取り結んでいるのである。そしてこの関係への問い、「親縁でありながらも根本的に異なる」[40]二つのものへのわれわれの問いは緒についたばかりである。

注

（1）NI, 582ff.
（2）断片番号五一五。
（3）NI, 593.
（4）NI, 583.
（5）NI, 587.
（6）NI, 584.
（7）KM, 122 et passim.
（8）Immanuel Kant, *Kritik der reinen Vernunft*, A 78, B103.
（9）KM, §31.
（10）KM, 177ff.
（11）「われわれは、第三の綜合の解釈にさいしては、本質的にカントを越えてゆく」。HGA Bd. 25, *Phänomenologische Interpretation von Kants Kritik der reinen Vernunft*, 359.
（12）KM, 180.

(13) HGA Bd. 25, *Phänomenologische Interpretation von Kants Kritik der reinen Vernunft*, 364.
(14) Ibid., 364.
(15) ただ多少のずれはある。前者では「同一性」のカテゴリーそのものが企投されていたのに対して、後者では、個々の概念による先取を通して、「同一化」が遂行されているからである。しかし、「同一性」の定立は常に、「何かに関して」の「同一」（例えば「木」に関して、「白樺」に関して）という意味で、必ず「質料的（material）」な概念を要求すると思う。
(16) SZ, 329.
(17) SZ, 353.
(18) Ernst Cassirer, *Philosophie der symbolischen Formen*, 3. Teil, 2. Aufl. (Darmstadt: Wissenschaftliche Buchgesellschaft 1982), 126, 133.
(19) Ibid., 155.
(20) Ibid.
(21) NI, 585.
(22) NI, 589.
(23) この点の詳細については、次の論稿を参照していただきたい。門脇俊介「志向性について」、日本哲学会編『哲学』（第三二号、一九八二年）。門脇俊介『理由の空間の現象学——表象的志向性批判』（創文社、二〇〇二年）一章および六章。
(24) Vgl. HW, 266ff.; WM, 242.
(25) SZ, 147.

(26) ただし、この「目的論」が停止を余儀無くされる場面も、『存在と時間』のうちには含まれている。一つは、「事実性（Faktizität）」の問題であり、一つは、一切の可能性の実現を拒む「死」の問題である。両者が後期ハイデガーの思索においてどのように展開されていったかは、なお探究されるべき重要な主題である。
(27) VA, 16.
(28) VA, 18.
(29) VA, 22.
(30) VA, 23f. 訳出の困難なこの „Ge-stell" という語のうちに、その語の原義（「骨組み」）が響いていることは確かである。„Berge"（山々）を取り集めてそれらを貫くものが „Gebirg"（山脈）だからである（VA, 23)。„Ge-stell" とは諸々の技術的 „be-stellen" のはたらきを取り集めてそれらを貫く本質である。
(31) VA, 30.
(32) VA, 31.
(33) VA, 32.
(34) VA, 36.
(35) VA, 36.
(36) VA, 36.
(37) HW, 59.
(38) VA, 194.
(39)「詩作」の根源性の理解のためには、もちろん「言葉（Sprache）」への問いを欠くことはできないが、本章では、その試みは断念せざるをえなかった。

（40） VA, 39.

第Ⅲ部　行為論の革新

第7章　知と行為
——フッサールとハイデガー

1　フッサールの現象学とハイデガーの行為論

フッサールとハイデガーという、この二人の現象学の巨匠を結びつけている当のものを、われわれはさまざまな仕方で語ることができる。同時代を生きた二人の哲学教師の関係として、現象学という思想にどのような役割を果たしたかという、哲学史的な貢献の割合に関して、また、哲学の正統的な課題に対する両者の答えの類似と差異から等々、というわけである。この章で私が論じたいと思う主題「知と行為」も、このフッサールとハイデガーの両者を結びつけている多くのもののうちの一つである。だがこの主題は、フッサールとハイデガー、またわれわれ自身に与えられてきている哲学上の正統的、伝統的な課題を表しているばかりではなく、現象学的な思索と哲学的な正統性、伝統とが対決する主舞台を提供しているという点で、フッサールとハイデガーを結びつけているもののうちでも、とりわけて意義深いものだと思われる。究極的な知の基礎づけを求めながら、逆に生世界的なドクサの層へと還帰することを余儀なくされたフッサール現象学の目論見や、哲学をも含めたあらゆる知を、行為主体としての実存へと結び返したハイデガーの基礎存在論のことを想起するだけでも、それは明瞭であろう。

それだけではない。「知と行為」という主題が、フッサールとハイデガーの結びつきにとって重大なのは、両者が知および行為というそれぞれの主題を巡って伝統を引き受けながらも伝統と対決していて、その場面で二人の思想家を比較検討する機会が与えられる、というだけなのではない。「知」と「行為」という二つのものの結びつきもまた、その場面で同時に吟味されねばならないと予想されるからである。われわれはフッサールとハイデガーを論じることで、まさに同時に知と行為をも論ずべき地点に立たされているのではないか。フッサールとハイデガーは知と行為という視点から解釈されるが、知と行為も、フッサールとハイデガーの方から哲学的に理解されるはずだ、と考えられるのである。

もちろんここで、次のような図式を再確認しようというのではない。知識論・学問論の革新を目指したフッサール現象学から、先駆的決意性を人間存在の本来的可能性とみなす『存在と時間』の現象学への移りゆきを、「知から行為へ」という標語で割り切ってしまうような図式のことである。むしろ問題なのは、フッサールの知識論のうちで抑圧されている、行為と意志の機構を暴き立てることであり[1]、またハイデガーの行為論を共に本質的に構成している知の体制を明らかにして見せることだと考える。「知と行為」という複合的な主題が要求しているのも、現象学が哲学として、知と行為の結びつきに関する探究を、自らの可能性の最も先まで繰り広げて見せることであろう。

ただ、「ハイデガーとフッサール」という複合的課題と「知と行為」という複合的課題を全面的に交差させ、十全に展開して見せることは、ここでは残念ながら可能ではない。次のような方針を取って進むことで、そのための助走としたい。

それはすなわち、ハイデガーの行為論（特に『存在と時間』の時期を中心として）を中心的に論ずることのうちで、「知と行為」の問題がどのように浮かび上がってくるかを見て取り、さらに（ごく簡単に）、そこに浮かび上がってきた図柄を、フッサールの現象学を象っている紋様と重ね合わせてみる、という方針である。そのさい、『存在と時間』における「知と行為」の結びつきを論じるに当たっては、この書物に内含される知の三つの様態をあらかじめ識別しておくことが、何よりも緊急なことである。これら三つの知の様態のどれについても、行為の問題が常に深くかかわり込んできており、かつ、行為の論じられるどの主要場面でも、基本的にはこれら三つの知の様態のいずれかの登場が確認できるからである。その三つの知の様態とは次のようなものである。それぞれの様態に即して行為との関連を論じてみよう。

（1）「配視（Umsicht）」、すなわち日常的なさまざまな使用にかかわる知。
（2）物についての知、あるいは科学の知。
（3）自己についての知（最も重要）。
（これら三つの様態に加えて、第四に、哲学の知をも問題にしなければならないだろうが、今回の議論の範囲からは除外しておく。(2)）

2　配　視

よく知られているように、『存在と時間』の現存在分析は、物（ハイデガーの用語では「事物的存在者（Vorhandenes）」を見やり、観察するような「認識」様式の特権性に対して疑問を呈示し、むしろ道具を作り、用い、何かを企図するといった日常的存在様式、道具を用いた行為にこそ、世界をあらわにする（entdecken）ことについての優位性を認めた。なるほどわれわれの日常は多くの場合、知覚や思考を表す記述によってよりも、一般に「行為」記述によってこそ描写される。これはたいていの場合、統計学的な事実以上の事柄であろう。しかし、その行為がある種の「認識」を有していることも、否定しえぬ事実であって、この点をハイデガーは次のように表現する。

「使用しつつ従事しつつある交渉は盲目なのではなく、それ固有の視（Sicht）の様式を持っているのであって、この視の様式が従事することを導き、従事することにそれ独自の確実性を与える」(3)と。

このような、道具使用を導く認識を「配視」というわけだが、ハイデガーはその「配視」にいくつかの機能を負わせている。「配視」はまず、道具の持つ「指示」の諸連関についての知である。(4)例えばマイクを道具として用いてある学術発表を行うさいに、そのマイクは主題的に物体として知覚されているのでは決してないが、学術発表をする目的連関の脈絡のうちで一定の役割を演じていて、誰かがそのことについて私に問うならば、「私はそのことを知っている」と答えるはずなのである。「配視」はまた、現存在の持つ固有の空間性にもかかわる。(5) 日常の行為にとっては、自らの周囲の空間は、差し当たっては等質的な三次元的空間として現れてくるわけではない。行為の空間はおのれの身体という基準点から発する方向性（Ausrichtung ——「方向の切り開き」と訳される）と、自らの行為それ自体と道具との慣習化された距離（Ent-fernung ——「遠ざかりの奪取」などと訳される）とを持っている。例えば「左右」という方向性は、自らの身体を基準として設定された方向性であって、一旦この方向性が規約されてしまえば、われわれは観察的な知覚を用いることなしに、自由にこの方向性に適応することができる。例えばまた、私のかけている眼鏡は、客観的距離からすれば非常に近いものではあるが、私の見ている対象よりは環境世界的に遠ざかっている。主体と道具との間には、道具性格とその使用に応じた距離があるわけである。もちろんわれわれは、この距離を心得た上で道具を用いるのであって、どんな行為が生じているかに応じて道具への距離を割り振ってゆく非主題的な知としての配視をここに認めることもできるだろう。(6)

今見た通り、配視とは道具の連関、自己の身体を中心とする行為空間、行為における道具との距離についての知であり、「実践知（技能、習慣のあり方ともかかわる）」と呼ぶにふさわしいこの知が、日常のわれわれの生を導いて、根本的で不可欠な役割を果たしていることは疑うべくもないと思う。

フッサールの現象学においては、この知はまったく抑圧されてしまっている。フッサールにとって、行為が行為として主題化される場が切り拓かれず、したがって行為を導く知という問題が設定されることがなかったからである。もちろんフッサールが、行為について論じなかったというのではない。特に遺稿『イデーンII』の第三部は、精神世界の主体としての「人格」を論じ、「因果性」とは区別される「動機づけ」[7]を行為の法則性とみなした点で、また、実践的な可能性としての身体の「我能う（ich kann）」へと至りえた点で、現代の行為論にとっても画期的な位置を占めると考えるが、しかし自らの行為へと連接する道具連関とその知の問題へと想到しなかったという意味で、行為の知を主題化できなかったのである。このことは恐らく、行為が自己の知と特別な連帯を示していること、この事態をフッサールが見過ごしていたことに由来すると思われるが、この点については後に述べることになるだろう。

3　物についての知

道具の知、道具の使用を導く知に対して物の知（すなわち「事物的存在者」の知）はどのような特性を持つのだろうか。ハイデガーの念頭に置いている物の知とは、われわれが通常「知覚」と名づけている認識様式を基礎にした知、あるいはその知覚それ自体のことである。道具の知覚（＝配視）と違ってそれは、よく知られた特殊な表現様式と結びついているように思える。例えば哲学者が「ここに灰皿があります」と述べてこの物体について哲学的思索を展開してみせたり、言語習得の初等的な段階で、「これは何ですか」――「本です」という問答が交される時のことを考えればよい。ここで問題となっているのは、ある行為を導くことではなく、さまざまな属性を担っている何ものかを、より詳細に規定してやること、あるいは当の実体としての何ものかを設定して見せることである。この「灰皿」はもはや、具体的な道具連関、行為連関とは切り離されて、諸々の性質を持ち、他の事物と因果的な関係を取り結ぶ一個の事物であって、この事物の存在や諸規定性を見せしめてくれる知覚とは、それ自体で完結した行為としての知覚、あるいは、より上級の認識活動に奉仕する知覚である。いわゆる「内的知覚」と呼ばれる認識様式においても、心的実体がさまざまな属性を担う「事物的存在者」として物体と類比的に想定されているわけであって、ハイデガーが事物的存在者の知覚に対してその特権性を拒絶するとき、意図されているのはむしろ、主体としての現存在への接近の様式の革新なのである(8)。

知を行為連関から切り離し、知の対象を脱目的論化するというこの傾向が、客観的実在を目指す科学の知をも貫いていることは言をまたないだろう。ただしハイデガーはここで、このようなテオリアとしての知を行為とまったく断絶させているのではなく、今暗示しておいたように、このような知を自立した行為としてとらえていたのである。物の知覚とは、物のさまざまな規定を特定の存在理念のもとで、より以上に把握しようと目論む、そして眼球運動や歩行などのふるまいがその行為に下属している知覚行為なのだ。ハイデガーの言葉を使えば、「行動することがその視を持つのと同じく根源的に、観察することはひとつの配慮的気遣い(9)」なのである。

物の知を行為としてとらえるという発想は「科学の実存論的概念」を目指した『存在と時間』の第六九節(b)の議論において、より鮮明になる。

この箇所でハイデガーは、理論的態度の成立を、実践の欠如や事物的存在者の主題化への単なる移行で説明することを拒否する。科学的探究にも、それにふさわしい実践の様式(実験のための技術、抽象的な研究に不可欠な文房具の使用、など）が存在し、道具的な存在者を主題化する学問すら成立しうるからである。ただしそうであっても物理的自然を対象とする科学においては、道具的存在者から事物的存在者への存在了解の変容は決定的であって、そこで生じているのは、結局、道具が用いられる場(Platz)（＝環境世界）の意味を喪失させること、つまり環境世界の「枠づけの除去（Ent-schränkung)」であり、また同時に、事物的存在者の領域の学的限定なのである。こうした限定の典型的な例を示しているのが、近代の数学的物理学であることは言うまでもない。しかしこの場合数学的物理学による限定は、単に、事実の観察によって生じるのでもないし、自然事象への数学の適用によって生じるのでもない、とハイデガーは注意する。重要なのはむしろ、「自然そのものの数学的企投（Entwurf)」なのだと。すなわち、物質という事物的存在性の理念、およびそれに連関する量的に規定可能な構成契機（運動、力、時間、場所）を、先行的に地平として開示しておくことによって、さまざまな「事実」も見出されうるというわけだ。このような先行的地平、ア・プリオリを欠いた単なる事実なるものは存在しない。

科学の知を行為と呼ぶことができるのは、あるいはそれを少なくとも行為的なものとみなすことができるのは、われわれが道具を用いるさいにある道具連関、目的連関を予期（gewärtig）しつつ行為をなすのと類似の仕方で、科学も、事物的存在者が全体としてあらわになるための地平を予期するという目的論的活動を行っているからである。

物の知、科学の知をある自立した行為、あるいは少なくとも目的論的活動としてとらえてゆくハイデガーのこうした知の見方こそ、フッサール現象学を終始一貫して支配してきた理念の再確認に他ならないことを、付け加えておきたい。その理念とは、知を直観的な現前を目指す目的論的はたらきとみなすことであって、それがフッサールの思索の隠された動機となっていた時もあれば、フッサール自身が表立って問題にしていた場合もある。例えば知覚とは、所与の現出を超えて、さらなる現前を求める傾向性を伴った知であり、現象学的な知のモデルを提供しているものである。また例えば近代科学の知は、「客観的に真なる世界」の理念をかかげることによって、実際に確証されていない特性をもその世界に帰属させているという意味で「仮説」を立てているのであり、この点で知覚や行為といった日常世界の目的論的実践的活動と同質のものだというわけである。科学の「生世界」への包摂という『危機書』の見解ではこれが決め手となっている。[10]

4　自己についての知

『存在と時間』における「自己知」の問題は、その本文第一部の冒頭、有名な現存在に関する特性描写によって、その方向を大きく決定されている。「この存在者の存在においては、この存在者自身が、その存在にかかわる（sich verhalten zu ——あるいは、ふるまう）」[11]、と。

この文章に関してはいくつかの注釈が要求されるだろう。

引き続いてハイデガーが述べる通り、第一に、「その存在にかかわる」という規定は事物の諸性質とは断然異なる、現存在の存在をなす「本質」規定である。そのような存在でないような現存在は存在しない。第二に、これもハイデガー自身が注釈する通り、現存在がかかわり問題にしてゆく存在者の存在は「そのつど私の存在」だということ。現存在はそのつどおのれ固有の自己存在に対してかかわっているということである。第三に、この自己存在とのかかわりに自己知の問題の根はあるということ、先取りして言えば、自己知は、自己への実践的ふるまいという地平から問題にされるはずだということ。すなわち『存在と時間』における自己把握は、さまざまな従来の自己把握のモデルとは峻別されねばならないということである。例えば、反省的知覚による自己の心的作用の把握や、客観に対する主観的現象の統一の極としての自我のモデルといったものとは、決定的に異なるわけである。さらに第四に、この自己存在へのかかわりという規定は、「実存」、「了解（Verstehen）」という現存在の存在契機の別名だという点である。

さて、「自己知」の問いを「自己へのかかわり」の問いへと読み変えてゆく探究において、鍵となるのは、最後に挙げた「了解」の概念であろうと思う。何故なら、本来の『存在と時間』の課題である存在の意味への問いは、現存在の存在了解に即して行われているからであり、そのさい現行の『存在と時間』の全体は、存在了解のうちでもとりわけ、現存在の自己の存在了解にのみかかわっていると言ってもよいからである。「自己へのかかわり」という概念がその後の本文で表立って論じられないのも、それに代わって「自己了解」の概念が、中心主題を占めるようになるからである。

だが本書第1章でも示唆しておいた通り、この「了解」という概念ほど、『存在と時間』の読者を悩ませるものはないのではないか。それは、現存在の開示性の受動的側面を表す「情状性」に対して現存在の能動的な側面を表すものであると共に、「存在了解」という最重要の任務をも果たすはずの、現存在の存在契機である（周知の通り、ハイデガーは『存在と時間』の多くの箇所で、他の現存在の存在契機に対する「了解」、「実存」の優位を認めてもいる）。しかしそれは、「了解」という日本語の語義から推察されるような、「認識」の一様式なのだろうか、あるいは、「決意性」という本来的な可能性を内蔵している「了解」の概念は、何か行為に関する事柄を含んでいるのだろうか。ハイデガーはその両面を肯定しているように思える。

ハイデガーはまず、了解のうちに現存在の「存在－しうること（Sein-können）」、「可能性」という存在様態がひそむことを確認する。ここで言う「可能性」とは、まだ現実的でないものが実現しうるという論理的可能性や意志の恣意性を表しているのではなく、現存在自らがまずもってそうであらざるをえぬような存在様態、現存在の存在を貫き通している存在の仕方である。しかもそのさい現存在には、このような自らの可能性についての知が与えられている。「現存在は、おのれ自身について、すなわちおのれの存在しうることに関して、どのようになっているのか（Woran）について《知っている》[12]」、と。現存在が自らの「可能性」としての存在であり、かつそれに関して知を所有しているということは、さらに次のように説明される。

現存在の持つ了解が可能性へと向かうというのは、その了解が「企投」という存在構造を持つからであって、了解は現存在の存在を現存在の「目的であるもの・主旨（Worum-willen）」へと企投している、という点で可能的なのである。了解のこの行為的な側面と並んで了解を構成している知の様式を、ハイデガーは「透視性（Durchsichtigkeit）」と名づける。そしておのれの企投についてのこの自己認識がDurchsichtigkeitと呼ばれるのは、自己という孤立した点の知覚がここで問題になっているのではなくて、世界内存在としての現存在にとって共に構成的な道具や他者という諸契機を貫き通して（durchhindurch）企投に関する知が問題になっているからなのである。

少し形式的な説明を先走らせすぎたようである。「了解」概念に含まれる知と行為の結びつき、さらにはそこにひそむ自己知、あるいは自己把握の問題を、具体的な例に即して検討してみよう。範例となるのは、ハイデガーにとって最も基礎的な知と行為の場面、おなじみの道具の使用である。

私がハンマーを用いて家の修理をしようとしている、としよう。よく知られているように、ハイデガーは、ハンマーという存在者の現前の制約となるものを求めて、ハンマーの用途の目的連関を、人間の行為の可能性にまで辿った。ハンマーという道具は、自らの他なるもの――用途、目的――へと指示の連関を延ばしているゆえにそのようなものとして現前しうる。そのさい、道具としてのハンマーからその用途の最終目的（例えば「快適に住む」）へと至る目的連関は、二重の連関を蔵しているだろう。第一にそれは、ハンマー――ハンマーを用いて組み立てられるべき材木――その材木を用いて修理されるべき壁、といった道具の目的論的系列として現象する。だが第二にそれは、ハンマーを用いることを端緒とする行為の目的論的系列でもあって、ハンマーを使う――材木を組み立てる――壁を修理する――快適に住む、という系列としても考えることができる。ただし前者の道具連関は、それ自体独立に存立しうるものではなく、後者の連関に依存したものだということは明白だろう。道具連関の最終目的は、常に、何らかの行為に結びつけられる(13)。

このような目的連関は、最終的には「快適に住む」という現存在の可能性を目がけて生じているわけであるから、「ハンマーを用いる」という現在の行為においては、「快適に住む」という Worum-willen が了解され、企投されていることになる。ところがこう述べると、企投はある一定の目的と手段の間の連関についての計画（Plan）、あるいはその計画を用いた遂行と同一視されることになるかもしれない。だがハイデガーは、企投と計画との同一視に与しない。現存在は、それがある限り、絶えずすでに企投しつつあるのであり（コミットメント）、われわれの生の遂行のうちで時折生ずる主題的な計画という出来事によって企投をとらえようとすることは、可能性としての現存在のあり方を、まったく隠蔽してしまうものだ(14)、と。

確かにそうであろう。われわれが道具を用い、行為するさいに、常に目的手段連関についての計画が、あらかじめ熟慮され推理されているわけではない。人がただなんの当てもなく、椅子に腰をおろしている場合でさえ、現存在はそのような行為目がけて企投しつつあるわけである。だから、ここで行為にかかわる知も、主題的に自己の可能性について思案を巡らす知であるとは限らない。今述べた非計画的な行為の場合でも、人は自らの行為の可能性（腰をかけ続けるということ）について十分承知しているのであって、例えば誰かがその人に、「何をしているのですか？」「何故そんな所に腰かけているのですか？」と問うなら、「ただ座っているだけ」という明確な答えが返ってくる可能性が大きいのだ。

自らがどのような可能性を目がけて企投しつつあるのか、についてわれわれが非主題的にではあれ、知と言えるものを所有していること、この点がハイデガーにとって、最も基本的な自己知の開かれる情景であった。自己の知は、積極的にであれ、消極的にであれ、何かをなさんとしつつある現存在の存在の仕方それ自身を巡って生じているのである。

今ここで、行為せんとするさいの非主題的な知ということを述べたが、この知とは一体どのようなものなのだろうか。われわれの意識に上ってくることのない無意識の知、あるいはわれわれが自ら体験することでしか獲得することのできないような直接的で個人的な知ということなのだろうか。むしろ反対のことが示唆されているように思える。そうした非主題的な知がわれわれに対して先に現れてきたのは、「何をしているのか」、「何故そうしているのか」という行為への問いと答えの場面であった。非主題的な行為の知はコミュニケーションの場で問題になるものなのだ。そのさい行為者は何らかの意味での自己知を、問う者に対して伝達しているわけだが、行為者は自らの行為とその可能性について、自らが答えた通りの言語化された主題的な知を所有していたのではない。行為者が所有していたのは、問いに答えることによってのみそれとして明確になってくるような知、にもかかわらず、そのように答えることを介して言語化されるのを待望し、その答えの十全な根拠となっているような分節可能な知のことなのである。

通常の知覚においても、同様の事情が存するのではないだろうか。われわれは物を……として見る、と言う。本として、机として、人間として等々。そのような言語的なものによる分節化なしの知覚は存立しえない、とも言う。しかし物を見る時、われわれは必ずしもこうしたとしてという主題的な言語化を遂行しているとは限らない。むしろわれわれは「何を見ているのか」と問われ、あるいは自問する時にこそ、この主題化を行っているのではないか。ものを……として見ることによってのみわれわれがすでにもっている知覚的な知が明示化されてくる。しかし他方でこの知覚的な知は、言語による主題化を通して明らかにされるべくざわめき立っている知、……としてという主題化の十全な根拠となっている知なのである。知覚においても行為においても、すでに所有されていた知は、言語によって単に写し取られ、表現されるのではない。言語はそうした知の中で発生しつつあった意味を完成してやるのである。

さて、行為の知とその主題化という問題に関しては、次の二点に注意を払っておくべきだろう。第一に、行為の知が主題化されるさいの問い、(1)「何をしているのか」、(2)「何故なのか」の二つは、行為の知に関して必ずしも同一の機能を果たすものではないということ。「何をしているのか」という問いの答えとして、行為の可能性が明確になる場合もある。「ナイフを身につけて」いる人にそう問うて、それが「復讐のため」とわかる場合。しかしこの問いは、強制された行為や偶発的な行為を描写するという答えによっても満足させられる。企投された可能性がここでは問題になっていない。それに対して「何故なのか」という問いは、当の行為主体が強制されて行為をなしている場合でも、行為の描写にではなく、その強制に従うという可能性にかかわっている。後者の問いの方が行為の可能性により本質的にかかわっているのである。(15)

第二に、ここで言う行為の知(あるいは行為の可能性の知)とその主題化という関係は、『存在と時間』において「了解」とそれに引き続いて論題にされる「解釈（Auslegung）」との関係の一つのヴァリアントだと考えられるということ。ハイデガーは「解釈」を「了解」の完成（Ausbildung）、了解のうちで企投されていた諸可能性の仕上げ（Ausarbeitung）だと述べる。例えば、先に論じた道具に関して行為を導く知、すなわち配視においては、道具がそれとして現に使用されているという意味で、すでに了解されている、つまりその道具の本質上備えている指示連関・現存在の可能性との連関が、表立って仕上げられている。また、その当の道具が何のためにあるのかに対して、「かくかくのため」と答えることも、道具がその当の道具として解釈されることなのである。[16]（ハイデガーが明確に論じているわけではないが――だからわれわれは一つの解釈の領域に踏み込むことになるわけだが、）本書第9章で論ずるように現に特定の行為をすることも、まさに一つの解釈なのではないか、すなわち「了解」の完成なのではないだろうか。すでに述べた「ハンマーを使う」という行為の例に即して考えれば、「ハンマーを使う」という現在の行為を通して、「材木を組み立てる」、「快適に住む」などの現存在の可能性が表立って仕上げられていることになる。「快適に住む」ためには、さまざまな手段が一般に許容されているわけだが、「ハンマーを使う」ことによってその可能性が限定され個別化されるのである。「椅子に腰かけ続ける」という場合でも事情は変わらないであろう。現に「椅子に座る」という行為は、「椅子に腰かけ続ける」という現存在の可能性を表立って個別的に現実化しているからである。

さらに次のように言うことも可能ではないか。解釈と了解との関係としての、現実の個別化された行為とその行為がそのうちへと包摂されてゆく現存在の可能性との関係は、現実の行為とそれを根拠づける作働的理由の関係としてとらえうると。「何故そのようなことをするのか」という問いへの答えが、行為の可能性についての知を主題化し、解釈していると先に述べた。それはすなわち「了解」に内含される知の側面が表立ってくることであり、現前しつつある特定の行為がどのような知に基づいて成立してくるかがあらわになることである。他方そのような問いと答えによる行為の知の主題化が生じていない場合でも現前する行為によって現存在の可能性、すなわち自らの企投が表立って完成されているのであって、その可能性、企投とは、現実の行為へと転化することを求め、待ち望んでいた当のものであり、その意味で行為の根拠をなしているものなのである。だからある特定の行為とそれを生ぜしめるものとの関係は、ハイデガーにとって、世界内部の出来事の間での原因と結果の関係なのではなく、先行的な了解とその完成としての「解釈」との関係としてとらえ直されているわけである。(17)

『存在と時間』のうちでは自己の知の問題が、先行的な自己了解に関する自己解釈の場面で展開されているということここまでの議論の大筋を、いくつかの論点を提示することによってもう少し明瞭にしておこう。

問題はまず、おのれの存在をその可能性へと企投することとしての了解という事態に内含されている、「可能性」の概念を巡って生じてくる。先のハンマーの例では、「快適に住む」という現存在の可能性が、企投の向かうべき究極的 Worum-willen として現れていた。だがこの場合例えば、おのれならざる他者が「快適に住む」ことは、そのつど私である現存在の可能性ではない。だからそうした目的は現存在の行為の Worum-willen とはならず、むしろ、「私自身が、誰かが快適に住めるようにする」という私自らの Worum-willen、可能性の脈絡の内部でのみ、現存在の企投に関与していると言えよう。そうすると「私自身が快適に住む」を Worum-willen とすることにも疑問が生じてくるだろう。私が本来企投しうるのは「私が快適に住む」ことではなくて、「私自身が、私が快適に住めるようにする」ことでしかないのではないか。「ハンマーを使用する」という行為の現前を通して表立って仕上げられてくるのは、「快適に住む」ことそれ自身なのではなくて、「快適に住めるようにする」という、「ハンマーを使用する」という行為の記述に関しておのれのうちに包摂する行為、現存在の可能性だと言うべきだろう。

現存在がおのれの存在を企投するこの最終的可能性――「私自らが……（ように）する」と定式化される――を巡っては、さらに、議論すべき問題性が生じてくる。

企投されている私の最終的可能性――例えば、私自らが私が快適に住めるようにする――のうちに含まれる「私自身」とは誰のことなのか。もちろんそれは、遂行的な自己知が開示しつつある当の行為主体である。しかしハイデガーは、企投の向かう最終的可能性に二種の様態が存立しうることを論じてはいなかったろうか。「本来性」と「非本来性」がそれである。「本来性」とは、「良心」の呼び声に応じておのれ自らの「責めある存在（Schuldigsein）」目がけておのれを企投するという「決意性」を介した本来的な自己の生成であり、他方「非本来性」とは、「私自身」であるはずの行為主体が、匿名の他者の支配下に置かれざるをえぬという、現存在の免れることのできぬ日常的存在様式である。

ハイデガー解釈に関する技術的な議論をまったく度外視すれば、二つの重要な論点がここには含まれているると思う。第一に、遂行的な自己知によって開示される行為主体（私自身）は、企投の向かう最終的可能性に関して（本来的・非本来的という）二重のあり方をとりうるが、さらにハイデガーの用いる特定の理念（死）をも捨象すれば、その二重性が生じてくる最終的可能性の局面は、われわれが通常倫理的な決定を下すさいに、どのような理念・価値が本来的なものとして選び取られるべきかについての主体固有の熟慮が生じてくる場面である。例えば、私が快適に住むようにすることが、私の行為として倫理的にどのように正当化されるだろうか、というような。他方第二にこの局面は、主体固有の選択が生じてくる場であると共に、間主観的、社会的な規範が行為に関与してくる場面でもある。ハイデガーは次のように述べる。「日常的に現存在がそれを目的として（worum-willen）あるところの、世人それ自身が、有意義性の指示連関を分節化している[18]」、と。すなわち日常性のただ中にあっては、「世人」という社会的主体が、最終的可能性における私自身を支配しているのであって、ここでの私自身は、他の私と価値や規範を共有しさまざまな社会的役割を演じることのできる行為主体である。したがって遂行的な自己知によって開示される私とは、企投の最終的可能性に関して主体固有の選択をなす行為主体であると同時に他者と共なる間主観的な行為主体だということになる。ハイデガーが自己知を、「透視性」と名づけた理由の一半はここに存する。

ただしよく知られている通りハイデガーは、主体の固有性と社会性とが対決する企投の最終的可能性の場面を、それとして明確に照らし出すことなく、主体の両側面を「本来性」と「非本来性」という二つの可能性へと割り振ってしまった。しかし行為が問題になる以上、他者や社会性を抜きにした主体固有の選択や決意が存立しうるはずはなかろう。そもそも、「了解」と「解釈」という行為に関する対概念を可能にしているのは、社会的な規約なのではないか。例えばわれわれが、「ハンマーを使う」という行為によって「快適に住めるようにする」という可能性を完成しうるのは、前者の記述が後者の記述に包括され、吸い込まれているからだが、ある記述によるある記述の包括というこの事態は、人間の特定の動作・あり方をどのように記述するかに関して共同体の内部で約定がなされているからこそ可能なのではないだろうか。ハイデガーが現存在の本来性の圏域に、「民族（Volk）」といういかがわしい自然的な概念を導入せざるをえなかった理由の一つはこの点にも存するだろう。(19)

最後に、次のような着想に注目しておくことも、『存在と時間』における「自己知」の問題、さらには「知と行為」の問題を広い展望へともたらす意味で、有意味であろう。すなわち、ハイデガーの「了解」の概念は、現代の行為論において一つの焦点となっている「意図（intention）」の概念ときわめて類似のふるまいをする、という着想である。「意図」を「欲望」や「信念」と並ぶ心的な態度とみなしうるか否か、あるいは「意図」を「意図的に」という副詞的に動作に付随した仕方でのみ論じうるのか、または独立した「意図すること（intending）」として扱いうるのかという議論は別としても、「意図的行為」の概念は「行為」の概念それ自身と相覆うほど、行為の問題の本質的核をなしていることは疑いえないであろう。(20)意図の概念のうちではまず、今まで論じてきた「知と行為」の関係についての問題が紛れもなく顕在化する。例えば、「意図的に行為する」とは「観察的な知なしに知られるもの」のクラスの下位のクラスに属するとするアンスコムの議論、ある人があることを「意図する」ことのうちには、当人がそのことをなすであろうということの信念（belief）が含まれるという、グライスによって提出された論点などがその代表的なものであろう。[21]意図はまた、ハイデガーの「企投」と同様に現実の行為に作働的な理由を与えているものである。「何故そうするのか？」という問いに対して、「快適に暮らせるように」という答えが与えられるとき、企投の向かう最終的可能性、すなわち可能性のための手段となる行為の諸々の意図を包括する意図が表立ってきている、と解することもできるのである。しかもその意図の対象――この場合、私自身が私が快適であるようにする――は、願望や期待という志向的作用の対象とは異なった独自の形式を持つはずであり、先に略述した「私自身が……（ように）する」という定式化によって示唆されていたのはこの点なのである。[22]

「意図」に関する問題群を、ハイデガーの「了解」概念に関連づけて詳論するという作業もここではおく。伝統を破壊するという体裁をとりながらも、伝統を真に我がものとしようとするハイデガーの哲学を、本当の意味で哲学の正統性と対決させる試みは、まだ緒についたばかりだということを付け加えた上で。

ここまで検討してきた自己の知についてのハイデガーの見解を、フッサール現象学における自己知の概念と重ね合わせてみるという課題が、まだ残されていた。（これもまた手短に述べざるをえないが、）フッサールの現象学は、近代科学的な意味での自然と区別された純粋意識としての自己を、あるいは志向性の担い手としての自己を徹底して主題化するという企図において一貫しているにもかかわらず、対象として反省的に直観される限りでの自己の概念をしか獲得することができなかったのではないか。フッサールは、知覚や論理的認識作用を、「信念」や「意志」といった強い意味での目的論的志向性に結びつけることで、知と行為の出会う場を切り拓いていたにもかかわらず、日常的行為のただ中で生ずる自己の知を問題とすることができなかった。それは恐らく、フッサールの考える目的論的行為が、人間理性にひそむ学的理念の展開にのみそのテロスを設定していたこと、また、遂行的な自己知を概念化する方法が欠けていたことに由来するのであろう。この点から見ると、ハイデガーの解釈学的現象学は、了解内容の「分節化（Artikulation）」としての「語り（Rede）」の概念を導入したということによって、[23]遂行的自己知の概念化に適合する方法を提出していたのである。すでに幾度か触れた「何故か」の問いが、先行的に了解されている行為の可能性の主題化（＝解釈）のために機能しうるのも、先行的な非主題的自己了解が、そのような問いの答えとなるべく言葉へと向かっておのれを結実させつつあるからなのであって、ハイデガーが「語り」という概念によって示そうとしたのは、こうした言葉への運動性、あるいは技能だったのだとも言えよう。しかし、知と行為のかかわりを言葉の問題へと結び返して探究するようにとのハイデガーの指示は、ハイデガー自らの思索のうちでは十全に展開されずに終っているのであり、現象学の方法をその指示にふさわしく十分に鍛え上げることが可能かどうか、またそれはどのようになされねばならないのか、まだ多くのことが問われているように思う。

注

（1）この点については、J・デリダのフッサール解釈にわれわれは多くのものを負っている。cf. Jacques Derrida, *La voix et le phénomène*, 3e édition (Paris: Presses universitaires de France, 1976)；"La forme et le vouloir-dire", dans *Marges de la philosophie* (*Paris: Les éditions de*, minuit, 1972).

（2）例えば、初期のフライブルク講義『アリストテレスの現象学的解釈／現象学的研究入門』においては、哲学の知を行為と連接させる試みが徹底して遂行される。哲学とは、「存在としての在るものへと認識しつつふるまう（かかわる）」ことなのである。HGA Bd. 61, *Phänomenologische Interpretationen zu Aristoteles/Einführung in die phänomenologische Forschung*, 58ff.

（3）SZ, 69ff. ただしこの箇所の「確実性（Sicherheit）」は、他の版（例えば、ニーマイヤー版、第十二版）では、「事物性（Dinghaftigkeit）」である。

（4）ibid.

（5）SZ, 104ff.

（6）さらに配視は、言語記号、象徴などと区別されて論じられる「記号（Zeichen）」（「道標」などの道具としての記号）の問題とかかわるが、この点については、以下の論文を参照。門脇俊介「意志の変容——ハイデガーの行為論（一）」『山形大学紀要（人文科学）』第一一巻第四号（一九八九年）、三九二頁以下。

（7）この点に関しては、以下の論文で詳しく論じた。門脇俊介「現象学における「動機づけ」の概念」『山形大学紀要（人文科学）』第一一巻第二号（一九八七年）、二四五—二六九頁。

（8）G・ライルのデカルト批判を想起せよ。

（9） SZ, 69.

（10） Vgl. Edmund Husserl, *Die Krisis der europäischen Wissenschaften und die transzendentale Phänomenologie*, Husserliana Bd. VI (Den Haag: Martinus Nijhoff, 1976), 41, 50, 134ff.（『ヨーロッパ諸学の危機と超越論的現象学』、本文中では『危機書』と表記）

ただ、科学の活動が目的論的であると言っても、それは「信念」の目的論なのか、あるいは、「意志」の目的論なのか、ハイデガーとフッサールでは、はっきりとさせられていない面があると考える。科学の知は、恐らく両面を含むのであろう。科学は一方では、正当化を目指す信念の体系であり、また他方では、実在に実験的に関与していくという点では、人間の意志の介在を要請しているからである。もちろんこの問題をこれ以上十全な仕方で論ずることは、別の課題であろう。

（11） SZ, 41.

（12） SZ, 144.

（13） 門脇俊介「意志の変容——ハイデガーの行為論（一）」『山形大学紀要（人文科学）』第一一巻第四号（一九八九年）、三八一頁以下を参照。また、門脇俊介『『存在と時間』の哲学 1』（産業図書、二〇〇八年）、第4章をも参照。

（14） SZ, 145.

（15） G・E・M・アンスコムが次のように述べるとき、同様のことが考えられていたのだと思う。「われわれが関心を持っているもの（＝人間の行為）の記述は、《何故か》というわれわれの問いが存在しないとしたなら、存在しないようなタイプの記述なのである」。G. E. M. Anscombe, *Intention*, 2nd ed. (Oxford: Basil Blackwell, 1979), 83.

(16) SZ, 149f. HGA Bd. 20, *Prolegomena zur Geschichte des Zeitbegriffs*, 359.

(17) もちろん、了解と解釈との関係を行為の根拠と行為の関係に見立てることに、若干の疑念がひそんでいないわけではない。まず、(ハイデガー解釈の面からも、また事柄そのものの面からも、)了解→解釈という図式を基本的に異質な諸現象にあてはめているのではないかという疑問。配視による了解内容の解釈、目的・用途の主題化としての解釈、そして行為としての解釈、の三者を同一の図式を用いて扱うことが可能なのか。ハイデガーは、行為それ自体に即して明示的に「解釈」の問題を論じてはいないのだから、ある特定の行為を「了解」の完成とみなすことには、行き過ぎがあるのではないか。しかしハイデガーが明示的に論じている「解釈」の問題は、行為の側面とけっして無関係ではないし、それどころか、行為を一つの解釈と考えるように促している。例えば、道具を使用するさいに、配視という認識機構によって、道具が道具として道具連関に連接するものとして表立ってくる。この解釈の様式が与えられる場合には同時に、行為の連関も与えられているはずである(先述した通り)。そのさいには、「道具を使う」という行為が、それが連接している行為(の可能性)連関において表立ってくることになるはずである。道具と同様、人間存在も「……する」ものとして出会われてくることになる。行為とはこのような意味で、自己が「……する」という相で現前してくること(表現されること)なのである。

また、「何故か」の問いの答えとなっている、行為の可能性の主題化としての言語行為と、可能性の具体化・現前化としての行為それ自身との間には、特別な平行関係が存している。今述べた言語行為が、現になされている特定の行為をその根拠としての企投へと連結させているのと同様に、当の特定の行為も根拠としての企投へと連結されることだからである。しかし、前者の連結がいわば、知的・論理的レヴェルでのそれであるのに対して、後者の連結には行為へのコミットメントが含まれているのではないだろうか。「企投」とは、単に行為の理由であるばかりではなく、直接に行為を導くことなのではないだろうか。本文で「作動的理由」という言葉を使ったのもこのゆえである。本文でのハイデガー解釈の当否は、このレヴェルでの行為とその作動的理由との関係の独自性を、どの程度解明しうるかにかかっている。そのためにはわれわれは、（逆説的ではあるが、）ハイデガーを超えた地点にまで進まねばならないであろう。

行為を一つの「解釈」とみなす方向を取る研究として、次のものを参照。Mark Okrent, *Heidegger's Pragmatism1: Understanding, Being, and the Critique of Metaphysics*（Ithaca: Cornell University Press, 1988）, 54-58.

（18）SZ, 129.

（19）Vgl., SZ, 382f.

（20）「ある人がある行為の行為主体であるのは、彼のなすことを意図的たらしめているある相のもとで、そのことが記述できる場合である」、というD・デイヴィドソンの発言を参照。Donald Davidson, *Essays on Actions and Events*（Oxford: Clarendon Press, 1982）, 46.

（21）Anscombe, ibid., 14; H. Paul Grice, "Intention and Uncertainty," *Proceedings of the British Academy* 57（1971）: 263-279.

他にも、行為の意図を意識（consciousness）に直結させる、S・ハンプシャーの議論もよく知られている。Stuart Hampshire, *Thought and Action*（Notre Dame, Indiana: University of Notre Dame Press, 1982）, Ch. 2.

（22）例えば、意図の対象の特殊性を、「一人称的実践的ノエマ（first-person practition）」という仕方で規定する、H－N・カスタニェーダの試みを参照。Hector-Neri Castañeda, *Thinking and Doing*（Dordrecht, London: Reidel, 1982）, Ch. 6.

（23）SZ, 160ff.

第8章　徳(virtue)のありか
——ハイデガーとマクダウエル

1　構成的全体論 vs. 非構成的全体論

原子論を拒否する反還元主義のすべてを「全体論」と呼ぶのだとすれば、われわれの前に登場してくる全体論には多様なものがある。現代哲学において最も顕著な全体論は意味論的全体論であって、記号がその意味論的機能を果たせるのは、ある言語体系全体の部分としてのみであると主張する。意味論的全体論やそれと不可分な形で登場してくる認識論的全体論だけが全体論の問題を独占しているのではなく、方法論的全体論という存在論的発想も存在する。すなわち、生物学的有機体や知覚上のゲシュタルトのシステムに関して、全体の性質が、その部分の性質と相互作用の関係にあることが、その全体が存立することを構成しているとする発想である。

数多くの種類の全体論を貫いてひとつの重要な区別があることを提案したい。すなわち、構成的全体論と非構成的全体論との区別である。この区別が際立ってくるのは、ある全体のうちにある行為・活動主体が、その全体をどのように理解しているかの仕方に注目するときである。個々の分子の性質に依存するのではなく、分子相互の体系の集合的性質として創発する生命を、「全体論的」現象と呼べるだろう。[1] しかし生物学的有機体それ自身は、そのうちでその生命が維持されている全体を、意識的な気づきという意味でも、あるいは暗黙知という意味でも理解はしていない。他方で、意味論的全体論が主張する言語理解においては、事情が異なる。話者が発話することによって意味することを理解しようとする発話の聞き手は、話者が信じていることや欲求していること（あるいは意図していること）が何であるかを、おおよそ理解している。すなわち、話者と聞き手とが共有している、その場の知覚的状況であるとか、あるいはよりもっと一般的な信念内容を理解しているのである。意味論的全体論者が主張するのは、他者の発話する文を理解できるのは、その他者と理解者とが共有している信念の全体のうちに、その文を位置づける場合だけだということである。

前者の場合、つまり創発してきた全体的現象としての生命の場合には、活動主体としての生物学的有機体は、その全体論的な創発に気づいていないばかりか、その全体の構成要素としての分子が、それぞれ「全体を知っているかのように」[2] ふるまっているのに、自らが全体へと編成されていくさいのふるまいについての知を所有していない。後者の場合、つまり意味論的全体論の場合には、ある発話、あるいはその部分がそれに関連して有意味である全体の理解を、言語使用者が所有している。関連する全体のうちにある行為・活動主体がその全体を何らかの意味で理解していることが、全体論的な構造を構成している場合、そうした構造あるいはそれについての理論を、構成的全体論と呼ぶことにしたい。非構成的全体論とは、全体論的構造が成立するためには、そのような理解を要しないもののことである。

構成的全体論は、行為主体が構成的な全体を理解する様式の違いに従って、さらに二つのタイプに分けられる。第一のタイプの行為主体は、構成的な全体を把握しているのだが、ただし、その全体の部分を理解するための、非明示的・含蓄的ではあっても明示化可能な前提として把握しているのである。例えば、他者の何らかの発話の聞き手は、その発話を、――今現在の状況に関してであれ、一般的にであれ――前提にされた信念ネットワークのうちに位置づけることによって理解する。ところが第二のタイプの行為主体にとっては、その経験が理解可能になるのは、その経験が、明示化できない地平、すなわち、世界と主体が世界内に存在することについての背景的な理解のうちに位置づけられるときだけなのである。

『存在と時間』のハイデガー哲学は、第二のタイプの構成的全体論の典型例である。彼の言うところの、存在者（Seiendes）と存在（Sein）との存在論的差異における存在とは、存在者に出会う可能性の全体論的制約を意味すると私は考える。(3) ハイデガーの有名な例は、現存在が現にある道具に出会っていることを可能にする、道具全体性の把握が、背景的な理解として機能しているというものである。ハイデガーの全体論は、全体論的構造が非表象的な背景的理解に根ざすという意味で構成的なものであり、同じくプラグマティズム的な志向を共有しているとしても、デューイの哲学に内在する、非構成的で自然主義的な全体論とは根本的に相違する。デューイの全体論においては、全体論を生きる主体が、何かを理解するための背景として、機能的な全体を理解している必要はない[4]。

ハイデガーの構成的全体論は、構成的全体論の先駆的議論を提出したカントのものとも異なっている。反ヒューム的な精神でチャールズ・テイラーは、カントの議論を次のように論評している。「客観に対する知識の関係は、本当にわれわれが、印象をまったく孤立した内容として、他の内容とのつながり抜きに考えるなら、不可能になってしまう。……この世界の統一が、どんなものであれあるものが特定の情報として成立しうるためには、前提にされているのである[5]」。カントにおける構成が科学的表象のア・プリオリを基礎づけるために、純粋直観とカテゴリーによる必然的な規整という点に、狭く限定されているのに対して、ハイデガーの全体論的な構成は、世界了解と自己了解という、相互に依存していて切り離すことのできない了解の方向性を通して、存在者の出現するコンテクストを形成するということに要点がある。道具がその用途をへて使用者の役割理解にまでいたるという「指示全体性」の理解として世界了解は、自己了解と不可分に結びついてこそ機能するわけだが、この自己了解には、コンテクストの全体のなかで自ら適切に位置取りをする技能や、例えば伝統的な工房の職人であるとか近代化された核家族における父親であるとかといった、何者かであることの役割を果たす可能性を受け入れることなどが含まれている。自己了解の方も、一定のコンテクスト、つまり技能的かつ明示化できない仕方で理解された「指示全体性」の内部でのみ形成されるのである。例えば、工房での職人の適切なふるまいは、彼／彼女が自らの技能を展開するなかでどのように工房が出会われるのかという（世界についての）了解に対応してこそ可能になる。彼／彼女が職人としての役割を受け入れ、それを遂行できるのは、何を有意義な関連性を持ち重要度のあるものとしてとらえるかを、自分を取り巻く環境によって、要求されているからである。

2　ハイデガーによるアリストテレスの読解

『存在と時間』で提案されている構成的全体論は、その起源から見ると少なくとも、一九二三年の初期フライブルク講義までさかのぼることができる。その講義でハイデガーは、構成的全体論の主要な論点をすでに先取りして論じている。

ある事実的に出会われるものがそこからしてその現（Da）へと自らを有意義化（be-deuten）するところの、開示性の現象的全体は、それ自身ある固有な指示連関である。そのような指示しつつある有意義化の様式（Wie）は、そのつどの親密さの動向のうちで出会われてくる。出会われてくるものの先行的な利用可能性（Vorhandenheit）および先行的な現出は熟知されている（hexis, aletheia）のであり、しかもそれは、それらについての認知という意味ではなく、人が出会われるものに応じて心得ている場（Worin）として、つまりひとそれ自身としてである。(6)

この一節が明らかにしているのは、指示全体性が行為者によって理解されるのは、親密さと実践的な熟知の様式によってのみなのだという意味で、全体論的構造が非表象的で非理論的であるということである。ハイデガーがここでアリストテレスの術語 hexis（定訳は、性向、状態）を引いたのは、背景的理解のこの非表象的な様相を明確にし、さらにもう一点、この様相の時間的な性格に注意を喚起するためであった。全体を背景的に理解することは、世界と出会うための一定の方向づけを「先行的に」開放しておくことである。この「先行的に」を、因果的な連鎖や期待表象とみなすなら、第二のタイプの構成的全体をなすものは何かを誤解することになるだろう。因果性による解釈は、構成的な全体という考え方そのものを不可能にしてしまうだろうし、表象に訴える解釈は、行為主体が世界に出会うときの詳細が予想不可能なほど豊かで、心の中に予め保蔵することが不可能であることに対応できない。

アリストテレスはそもそも、hexis の概念を、彼の倫理的あるいは知性的徳（arete, virtue）の概念を解明するために導入した。ハイデガーによるアリストテレスの徳の概念の読解は、今見たように、全体論的な背景的理解の問題へと徳の概念を鋳直そうとするものであり、そのさいもちろん、アリストテレスの徳論に現れているアリストテレス存在論の、受け入れがたい問題的な前提には、一定の留保がなされている。(7) ハイデガーが彼の存在論的考察に付する最も顕著な徳の概念は、実践理性の完全な卓越性である思慮（phronesis）と、理論理性の完全な卓越性である知恵（sophia）である。

ハイデガーは、人間の自己了解を解明するために、思慮の概念を援用する。先に挙げた職人の例からも分かるように、使い慣れた道具を用いて仕事に没頭しながらも、その行為主体は、つねに、非明示的な実践的な仕方で自己自身に出会っている。ここでは、背景的に獲得されている自己了解とは、職人の役割を果たすことを引き受けることや、工房で勝手が分かるということであるだろう。こうしたことが、ハイデガーにとって、自己の存在を了解すること、自らが現在の自分に出会うことを可能にするという意味での了解である。このような、日常的な技能的自己了解がその分野で卓越性を獲得でき、したがって派生的な意味では、技能的自己了解をも思慮と呼ぶことができるのだとすれば、真正な思慮とは、特定の社会で暮らすある特定の人格にかかわる技能的事柄である。例えばある人が、近代化された核家族における父として、どのように思慮的（phronimos）でありうるだろうか、という場合のように。

思慮は、倫理的に卓越した人が、倫理的に複雑な状況できわめて適切な仕方でふるまうように、すでに先行的に性能を与えられ訓練されているという意味で、hexis である。それはちょうど、優れた技能を持つ職人が、その応対する素材とデザインとを、きわめて適切にさばくことができる場合に似ている。ハイデガーはこうした（倫理と技能の両側面を含みうる）、自己についての背景的理解を、「開示し保存する存在者の起源（arche）」と呼ぶ。(8)（ハイデガーの言う意味での）「存在」としての起源を背景に保存しながら、思慮深い人は、それぞれの局面で倫理的難問を処理する自らの仕方を展開していくのであり、その展開は時として、状況に応じて即興的ですらあるかもしれない。ある人の行為の中心的方向性を形成するものとしての起源は、当然、そこから個別の倫理的ルールを取り出してくることができるような形式的ルールでもないし、その行為者の行為を新たに生み出しそれによって行為者が自由であるとみなされるような、因果的な発出でもない。それでは、その起源とはどのような存在なのか。

核家族の形が支配的であるひとつの社会で、思慮深い（phronimos）父であることを想像してみよう。

この社会では、父親のイメージは長年固定しており、子供たちが自分の感情や意志に忠実であるように、自らの個人的な夢を望めるだけ追うように、できるだけ早い時期から独立した生活を送るように、子供たちを助けることが父親の役割であるとしよう。この社会に生きるある父親が、こうした子供の育て方を変えたとしてみる。彼は、このようなイメージがステレオタイプにすぎず、このステレオタイプが、全体主義的な国家を助長してきたのではないかという感覚を持つ。つまり、この国家では、若くして原子化された人々が独立し自分の夢を追うことによって、個々人に個別に語りかけてくる巨大マスメディアや支配的な政治権力に統制されてしまうように動員をかけられてしまいかねない。彼の感覚が当を得ていて彼が思慮深い父であることが分かったとしよう。彼の思慮深い行為は、彼が何か別な倫理的ルールを採用したことや、何か別の倫理的な心的状態を所有することから帰結するのではない。

彼の徳ある行為の起源は、行為それ自体にほかならない。すなわち、彼がすでに一定の期間習慣づけられていることを背景にして不確定の仕方で予感されていた行為が、その起源なのである。起源としての思慮が、「不確定な行為」だというのはどのような意味か。思慮が「行為」なのは、思慮が行為以外の仕方で人に備わることはないからであり、行為以外の仕方では姿を現さないからである。われわれの思慮深い父が、伝統的な家庭生活に帰るとしよう。こうした行為やこうした行為の仕方が、彼を思慮深い人にするのであり、他の仕方でこのことは起こりえない。したがってハイデガーも、アリストテレスにならって、「思慮がかかわる起源は行為それ自身である」(9)と述べる。思慮が「不確定」な行為だというのは、思慮がどんな行為の方向をも指し示さない混沌だということを表すのではなく、むしろ、個々の特定の思慮ある行為が実際に展開され完了するまでは、当の行為の意味は詳細には確定しておらず、一定の状況に応ずる漠然とした一定の方向性のみが、行為の背景として保持されていることをいう。ある行為を思慮あるものにするもの、つまりその行為の arche は、不確定の仕方で背景にいつもとどまっており、個別行為のそれぞれの瞬間に確定して姿を現す。

遂行された何らかの思慮的な行為は、なお不確定にとどまっている可能的な思慮ある行為と、それに関連する思慮の「目的（telos）」と呼ばれるのだが、この行為が思慮あるものとして遂行されるはずの特定の状況と遂行される特定の仕方を持っている。現実に思慮的なものにならんとしている不確定の（背景にとどまっている）行為は、それが位置づけられるコンテクストに応じてその詳細を形作っていくことがなければ、行為として存在しえないだろう。「起源から目的に至る全体の連関が、行為それ自身の十全な存在（Sein）にほかならない(10)」。したがって、（倫理的）自己の背景的な理解である思慮は、実践的な自己を構成するための、二重の役目を果たしている。すなわち、不確定の可能的な思慮的行為を発現させ、さらに、その行為の詳細を完成し明示的に解釈することである。ハイデガーは次のように言う。

起源の方から、つまり私が意図し私が決意することから、遂行された行為にいたるまで、思慮はそうした行為に共に属している。行為のどのステップにおいても、思慮は共に構成的である。したがってこれの意味するところは、思慮においては、その行為はその起源からその目的にいたるまで透視的に

（durchsichtig）されていなければならないということである。[11]

hexisはしばしば、「性向（disposition）」と訳される。しかし、初期フライブルク講義からこの節の冒頭で引用したように、ハイデガーはhexisに性向以上のものを帰属させているように見える、つまり真理の機能、aletheuein（開示機能）である。hexisとしての思慮はどのような意味で開示的なのか。ハイデガーの答えは、われわれが自己自身に対して透視的になるのには、程度の差があるということである。自己了解が、日常的な倫理的生活において自らを隠してしまう可能性がある一方で、思慮を展開することで、われわれが日常的な生活においてよりも自己をよりよく見ることができるわけである。「人間については、それが自らに隠されていること、自分自身を見ないことが必然であるので、自己自身に対して透視的になるためには、ことさらaletheueinが必要である」[12]。

今述べたように真理の機能をhexisに帰属させる、より深い理由が見出せる。第一に、思慮のような徳は、そのつど現在的に自らに出会うことを可能にする理解なのだから、開示的である。自己が自己に出会う透視性のあり方に程度の差があるのであれば、こうした程度の差は、自己に出会うことを可能にする可能性の制約にも適用されうるだろう。思慮という一定の状態は、他の状態よりも透視的である可能性がある。第二に、すでに述べたように、自己了解と世界了解とが分かちがたく相互に依存しているのであれば、思慮の発生が、心の中にはないものを開示できる世界了解を変化させることは当然だからである。思慮ある人には、世界は思慮なき人とはまったく異なった姿で見えてくるはずなのだ。

3　マクダウエルの徳

もしわれわれが現代倫理学における徳の概念の再興を、もうひとつ別の倫理学理論の再発見であるとみなすなら、ジョン・マクダウエルがアリストテレスの徳について論じていることの肝心な点を見逃すことになるだろう。現代の倫理学理論によれば、徳とは（正しく、状況にふさわしく）適切にふるまうことの性向である。マクダウエルは、親切さを徳の例として挙げる。「親切な人は、状況が行動に課してくるある種の要請に対しての、信頼できる感受性を持っている」[13]、と。この感受性はある種の知覚的能力、知識の一ケースでありうる。このことは少なくとも二つの問いを導く。（1）この感受性は、どのような種類の知識なのであるか。ある人が、そのうちで適切にふるまうような適切な関連性のある状況に対して、感受性を持つとはどのようなことなのか。（2）この感受性が感覚刺激を単に受け取ることではなく、イデア的なルールを単に適用することでもないとすれば、徳ある人が適切に関連する状況と事実に応じてふるまうときに、その人はどんな種類の実在性を知覚しているのだろうか。すでに見たようにハイデガーは、アリストテレスについての彼の初期の講義で、また、――非明示的にではあるがそれ以前よりは洗練された仕方で――『存在と時間』において、すでにこれらの問いに直面していた。

（1）「親切な人は、親切さの要請に応ずることがどのようなことであるかを知っている」[14]。これを次のように、一種の実践的推論の所持のようなものと解釈してよいであろうか。まず、「かくかくの機会では他の人に親切にすべきである」という確定した倫理的目標を定める大前提が与えられている。さらに小前提として、一定の行為はこの目標を達成する手段を提供し、今はそうした行為をなす機会であると考えられる。このような推論の型式で、親切な人の持つ知識が、つまり何が親切にしようとすることにとって顕著なものであるかを知覚することが、純粋な事実とそれに加える欲求的状態のアマルガムへと純化されて分析されるなら、その人は親切さの徳を発揮できる仕方で、状況を見ることが本当にできるだろうか。大前提は、それが適用されるべき顕著な特定の事実を、それと認めることができない。普遍的な定式化を被っているので、こうした特定の事実へと適用できるようなコード化をなされていないからである。こうした事実を見られるからこそ、その人は特定の関心に従って行為するように動かされる。他方で、このような行為を動かす知覚を、親切であることの hexis、つまりその人の徳と切り離すことは不可能である。別な事実をではなくある事実を顕著なものと見ることのうちに、親切な人の徳は現れている。――例えば、苦境にある人を、自分の他の欲求を犠牲にしても救うべきだと見る知覚のことを考えてみよ。マクダウエルは、徳の概念を「いかに生きるかの把握（the conception of how to live）」という概念で言い換えている。

〔大前提と小前提という〕核によって〔定式化される〕説明は、少なくとも、行為者がいかに生きるかの把握を背景として見られねばならない。そして状況が、いくつかの関心のどれもが影響力を持つ可能性のある状況のうちのひとつであるなら、いかに生きるかの把握が、その行為の理解に現実に関与しつつあることができるのでなければならず、この関心であって他の関心が関与しているのではないことを説明しつつあることができるのでなくてはならない[15]。

ここでは徳が、自己の背景的な理解として、ハイデガーの思慮の説明の場合と同じく、二つの役割を与えられている。まず、不確定の可能的な徳ある行為を発現させること——この行為はいわば「回顧的、事後的に」例の二つの前提へと分析されうる。さらに、特定の顕著な事実を見ることと特定の瞬間にこの事実によって動かされることの両側面を含んだ、個別の行為の詳細を完成させていくことである。

（2）実践的コンテクスト——ハイデガーの用語では「世界」——を体制化するという仕方ではたらく、ハイデガーの構成的全体論は、彼の存在論において、決定的な役割を果たしている。なぜなら、コンテクストの概念は『存在と時間』において、存在論的カテゴリーを根本的に再定義するために導入されているからだ。ハイデガーの創案になる「道具的存在性（Zuhandenheit）」のカテゴリーは、ひとつの道具がそれとして現れるのは行為者の自己了解によって（世界了解と同時に）開かれるコンテクストの内部においてのみなのであるから、「コンテクストに適合する存在」である。それとは対照的に、事物的に存在する対象（物体、心、命題を含む）はその存在においてコンテクストを剝奪されて出会われるのであって、「事物的存在性（Vorhandenheit）」のカテゴリー——そのうちには、実体／属性、出来事間の関係性など、哲学的伝統のうちで支配的であったあらゆるカテゴリー的枠組みが含まれるが——は、「コンテクストを無効にする存在」である[16]。

コンテクストの概念によって定義されたハイデガーの存在論が、伝統的な事物的存在論に対する関係は、マクダウエルが近代自然主義に相対する態度と平行的である。近代自然主義、とりわけ近代科学主義が勃興して以来の「むき出しの自然主義（bald naturalism）」は、われわれの所有する存在論的描像を単調なものにしてしまった。マクダウエルは言う。「実在性は自然的世界によって尽くされてしまう。自然科学がわれわれに明らかにすることができる世界という意味での自然的世界である」。その一方で、「科学がとらえきれない実在性の特性は、どんなものであれ、心と心以外の世界の相互作用の結果としての、投射へと格下げにされる」[17]。その結果、理性によって発見されるべき倫理的な価値や事実は、近代世界においては独自の存在論的な地位を喪失してしまう。それらは、心による投射物になるか（倫理的主観主義）、あるいは、脱魔術化された自然に基礎を持つ自然的事実となる（倫理的自然主義）[18]。倫理的自然主義に基づいて哲学者たちは、アリストテレスの徳の理論を、倫理を自然のうちに自然主義的に基礎づけるものだと解釈する[19]。もしも、倫理的主観主義と倫理的自然主義の二つの選択肢を強いられており、この二分法が実践的真理を正当に扱っていないと考えるなら、「世界の観念の拡張」[20]が必要であり、「倫理的実在論」の一種を支える論点となると、マクダウエルは主張する。ハイデガーも同様の拡張を、コンテクスト概念中心の存在論を採用することによって、提案していたのであった。

4　概念と「理由の空間」

ハイデガーとマクダウエルは、徳の概念を再考することによって、存在論的拡張の発想を共有するにいたっている。彼らの共有していないものは何か。思慮の解釈に関してわれわれが注目しなければならない事柄のうち、最も際立っているのは、ハイデガーの背景的な理解、マクダウエルの徳の概念が、概念的な仕方で人に身につけられている（装備されている）のかそうではないのか、という点であろう。マクダウエルは、徳を一種のhexis、つまり「第二の自然」のようなものと考えて、次のように述べている。

人が第二の自然を獲得することにおいて、換言すれば、logosを獲得することにおいて、一定の諸行為をすることに特有の喜びを覚えることを学んだわけであるが、しかもそのさい、それらの行為のうちに見ることを学んだ特有の「しがい（worthwhileness）」を特徴づけるのに適した、概念的な装備を獲得したのである。特有の「しがい」を学んだとは、こうした仕方で行為することの、特有の理由の範囲を見ることを学んだということである。(21)

この主張は、生え抜きのハイデガー主義者であるヒューバート・ドレイファスから、強硬な反対を受けている。(22)ドレイファスの反対を、次のようにまとめることができるだろう。（1）われわれが何かに出会うときの可能性の制約を構成している背景的な理解は、概念的に分節化されている必要はない。（2）ハイデガーにとって背景的な理解、とりわけ思慮は、概念的な「理由の空間」に入らない。（3）

マクダウエルとハイデガーは、実践的な知恵、思慮が第二の自然として獲得された一種のエキスパート的技能であるという点について、アリストテレスと一致しているにもかかわらず、アリストテレスの思慮の説明に関するハイデガーの読解は、マクダウエルの概念主義の反証例となっている。

今のところ私としては、(主にドレイファスの側から仕掛けられている) この論争[23]を見事に解決する十分な準備ができているわけではない。だが、ハイデガーとマクダウエルの二人の考えを解釈するさいに、解決の糸口が与えられなかったわけではない。思慮には二つの位相が見出されていた。つまり、不確定だが可能的な徳ある行為を発現させること、および、その個別行為の詳細を完成させてゆくことである。もし第二の位相にだけ注目するなら、思慮ある仕方で個別の行為を統制していくことは、一種の練達の技能知 (know-how) であってことさらに概念を要求しないように見える。しかし、第一の位相に注意を向けるなら、思慮から概念的能力を切り離すことは難しいのではないか。思慮によって発現させられる可能的な徳ある行為は、豊かに分節化された意図的行為であるはずである。徳ある行為をする行為者は、通常の意図的行為やいわんや自動的な反射的な行為に比べれば、はるかに構造化されニュアンスに富んだ仕方で、「なぜそうしたのか?」の問いに答えられるからである。われわれの思慮ある父は、現代社会についてや、自分の個人史から見て父親であることはどのようなことかについて知っていることを、自らの概念のシステムの内部に位置づけて語ることができるくらいに分節化した答えを与えることができる。

ここで「概念」という言葉を、ことさら狭くとらえる必要はない[24]。知覚経験が概念的であるか否かについての、近年の論争を振り返ってみよう。この論争で論者たちは、知覚経験が概念的ではないということを、それが信念から独立しているということだととらえる。知覚経験は、信念が持つような特性を持たないから概念を持たないのだという議論が話題になるわけである。(25) 例えば、われわれは信念pとそれに矛盾する-pとを共に信ずることはないけれど、ミュラー‐リアーの錯覚に見られるように、知覚においてはわれわれはそうした矛盾を受け入れてしまっている。あるいは、知覚には推論において同一の構成要素として役割を果たすような概念が欠けている。例えば、「aはFである」と「bはFである」、さらには「aはbでない」とを同時に信ずることから、「Fであるものが少なくとも二つある」を信ずる傾向を持つことは当然であるが、推論とその部分をなす信念においては、概念Fが同一の構成要素として機能している。知覚にはこのような意味での概念の所有がないのではないか、というのが知覚に概念を認めない論者の主張である。さて、われわれの思慮ある父親は、このような意味での概念を持っているのだろうか。ことさら自分の行動を明示的に定式化したい人でなければ、持っていない、と答えざるをえない。彼のなかにある「全体主義」の理解は、さまざまな知識やイメージや感情と連携している。時として、「aは全体主義である」と「aは全体主義でない」という矛盾を彼が受け入れている可能性もある。しかし、「全体主義」という概念に、彼の徳のあり方が依存していることは確かである。彼は自分の行為のあり方の変化（思慮深い父への変化）が、全体主義という概念格子を通して生じてきたことも承知しているし、これからの生き方もこうした格子を通じて形成されるであろうことを知っている。この場合概念とは、生き方を形成するための世界の分節化の能力であって、信念や推論の一部として論理的に構成要素となっているものではない。

ハイデガーは、分節化の能力としての概念的能力を、すでにいわゆるラングとして成立して用いられている言語と区別して特に「語り（Rede）」と名づけた。「語りは了解可能性の分節化であり、それゆえすでに、解釈と言表の根底にある」[26]とハイデガーは言う。このような意味での概念の能力を備えていなければ、徳の形成もまたその行使も困難であろう。ドレイファスが徳に対して否定しているのは、「信念や推論の一部として論理的に構成要素となる」という意味での概念であり、分節化の能力としての概念的能力を徳に対して否定してやる必要はない。徳ある人は倫理的なエキスパートとしての技能知（know-how）の所有者であるばかりではなく、徳とその構成要素をめぐる、概念による分節化の技能知をも所有したエキスパートなのである。

ドレイファスは、背景的な理解、つまりここでは思慮のような徳が概念的ではないことから、背景的な理解が「理由の空間」の一角を形成することがないと、主張する。ここでも、「理由の空間」は狭く受け取られているように思える。もし「理由の空間」が、信念による信念の正当化の連関や、命題によって構成された推論的な空間のことだけを指すのだとすれば、徳は「理由の空間」を構成しない。ドレイファスの考えている「理由の空間」もこうしたものであろう。しかし、徳が、個別の唯一無二の内容を持った有徳の行為を発現させるのだということを想起するなら、徳こそが、有徳な行為の「主たる理由」だということにならないか。あの思慮的な父親は、「全体主義」の概念を中核にして形成されてきた感受性によって、事態を深刻なものと受け止めることができ、そのような認知を携えて子供との関係を変える行為への一歩を踏み出す。だから、徳は単なる習慣や性向ではなく、自らに適合した認知を携えた自己の深い能動性なのだ。日常的な生を送るどんな人でも、この意味では有徳である。われわれは有徳の行為がなされ終えた後で、その行為の原因・理由として、意志や意図を行為者に帰属させるが、これは、徳が単なる願望ではなく、すでに徳ある行為へ向けてコミットしていることを、言い換えたにすぎない。また、欲求と信念によって行為の「主たる理由」を明示しようとする行為の因果説も、徳に含まれている賛成的態度と認知のあり方を抽出してきて、行為の理由の連関を再構成しようとしている。徳が「理由の空間」を構成するというのは、徳という、個別の行為の詳細な展開を内蔵した、より一般的な自己存在の了解が、それ自身を個別化、詳細化することで、個別的な行為の理由となることであり、それは、特定の行為の理由として徳を挙げて正当化ができるという意味だけではなく、徳それ自身が、行為を発現させる力を備えた了解の仕方だからである。

注

（1）スチュアート・カウフマン（米沢富美子監訳）『自己組織化と進化の論理』（日本経済新聞社、一九九九年）、五一―五二頁。

（2）金子邦彦『生命とは何か――複雑系生命論序説』（東京大学出版会、二〇〇三年）、三一頁。

（3）門脇俊介『理由の空間の現象学——表象的志向性批判』（創文社、二〇〇二年）、一三八—一三九頁。
（4）門脇俊介「存在論・プラグマティズム・テクノロジー」『思想』九七四号（二〇〇五年六月号）、一〇—一一頁。
（5）Charles Taylor, "Engaged Agency and Background in Heidegger," in *The Cambridge Companion to Heidegger*, edited by Charles Guignon (Cambridge: Cambridge University Press, 1993), 331.
（6）HGA Bd. 63, *Ontologie: Hermeneutik der Faktizität*, 99.
（7）HGA Bd. 19, *Platon: Sophistes*, 172-179. 知恵（sophia）を特権視することに対応して、「純粋に直接的な事物的存在（Vorhandensein）」が存在の範型として措定されるわけである。
（8）Ibid., 142-143.
（9）Ibid., 148.
アリストテレスは言う。「われわれは正しいことをすることによって、正しいひとになり、節制あることをすることによって、節制あるひとになり、勇気あることをすることによって、勇気あるひとになるのである」。1103b、（加藤信朗訳）『ニコマコス倫理学』（アリストテレス全集13、岩波書店、一九七三年）。
（10）Ibid., 148.
（11）Ibid., 147.
（12）Ibid., 51.
（13）John McDowell, *Mind, Value, and Reality* (Cambridge MA: Harvard University Press, 1998), 51.
（14）Ibid.
（15）Ibid., 68.

（16）詳しくは、門脇俊介『理由の空間の現象学——表象的志向性批判』（創文社、二〇〇二年）5章を参照していただきたい。
（17）McDowell, *Mind, Value, and Reality*, 175.
（18）皮肉なことに、マクダウエルが批判してやまないこの倫理的自然主義は、マクダウエルの場合と同様、主観主義や情緒主義と対立する「倫理的実在論」であると自認している。
（19）その代表的な議論は、Bernard Williams, *Ethics and the Limits of Philosophy* (Cambridge MA: Harvard University Press, 1985), Ch. 3 など。
（20）McDowell, *Mind, Value, and Reality*, 186.
（21）Ibid., 188.
（22）Hubert L. Dreyfus, "Overcoming the Myth of the Mental: How Philosophers Can Profit from the Phenomenology of Everyday Expertise,"（APA Pacific Division Presidential Address 2005）*Proceedings and Addresses of the American Philosophical Association 79*, no. 2 (November 2005): 47–65.
（23）この「論争」は、マクダウェルが、アメリカ哲学会東部地区大会で、ドレイファスに反論するにおよんで、俄然「論争」らしくなってきた。その詳細は、『思想』一〇一一号（二〇〇八年七月号）の特集「ジョン・マクダウェル——徳倫理学再考」で辿ることができる。
（24）この論点は、マクダウエルのドレイファスへの反論の中心となっている。John McDowell, "What Myth?" *Inquiry* 50, no. 4 (August 2007): 349–350.
（25）Tim Crane, "The Nonconceptual Content of Experience," in *The Contents of Experience*, edited by Tim Crane (Cambridge: Cambridge University Press, 1992), 136–157 などを見よ。

(26) SZ, 161.

第9章　行為とはなにか
――分析哲学からハイデガーへ

1　因果連鎖に介入する基礎行為

例A――大統領は閣議が終了後、核兵器製造能力を有していると疑われるI国に対する攻撃命令にサインをし、待機していた爆撃機を出撃させ、核兵器製造工場（と報告されたもの）を爆撃させた。その爆撃で近辺にあった小学校も被害を受け、数百人の児童が死亡した。

同じ頃、

例B――勇太は朝食のパンにゆっくりとバターを塗っていた。

われわれの行為は、最初に挙げた二つの例からも分かる通り、一方ではそれをなす誰か（行為者）がおり、他方ではなされたことが世界内のさまざまな出来事を引き起こすものである。後者の側面から客観的に見れば、誰かのなすことが原因となって何らかの結果を引き起こすという出来事のつながりが生じているのであり、それはちょうど、台風が来襲して大雨が降り、土砂崩れが起こるというような出来事の因果の連鎖が生起するというのと同じようなことが、人間の行為を含む世界でも起っているということである。例Aの場合には、一人の行為（大統領のサイン）は、多くの人命や国家の命運にもかかわる重大な結果の原因となり、例Bの場合には、一人の行為（バターを塗る）は、その人の朝食という日常の事柄だけにかかわる、小範囲に影響を及ぼすことしかないものである。

原因と結果の連鎖がどれほど異なっていようと、どちらの例も行為の一例である。そこには、誰かある行為者が、サインしたり、バターを塗るという身体的運動をなすという事態が共通に含まれていて、その点で、世界内での他の因果連鎖との差異が明白なのだ。そうすると、哲学的行為論の一番の問題は、どのような意味で人間は行為者として、世界内の因果連鎖に介入するのかということである。古来人間に自由意志を認める哲学者たちは、人間の心にひそむ意志こそが因果連鎖の最初の項として、世界へと影響を与えるのだと考えた。人間を行為者にするものは、出来事の連鎖の起動者としての自由意志であり、であるからこそ、責任や善悪の概念も、人間にのみ適用されるのだと。――台風にはわれわれは殺人の責任を負わせない。

二十世紀に入って、またそれ以前の近代哲学においても、起動者としての「自由意志」の概念に対する批判は厳しかった。自由意志など心が物質を動かすという二元論から出現した幻影であり（スピノザ）、自由意志を何らかの心的行為とみなすならば、その行為を生み出す意志を求めて無限に遡らざるをえない（G・ライル）など。自由意志という概念がもてはやされなくなったとはいえ、行為者が通常の意味での因果連鎖の起動者とは異なるものであるはずだという直観は捨てられることなく、「行為者性（agency）」の問題として論じ続けられている。このとき、世界内の因果連鎖に介入する人間の身体的動作（基礎行為）がどのようなものであり、その基礎行為を行為とする要因はなにかについての、哲学的議論は続いている。

以下で論ずるのは、その基礎行為が存在論的にどのようなものとして扱われるべきか、基礎行為を行為とする要因はなにかについての、現代の標準的な（分析哲学の）構図を確認した上で、この構図とは別の選択肢を現象学的思考から探っていこうとすることである。

2　現代行為論の構図

出来事存在論

行為とはいったい何であろうか。物？　状態？　あるいは出来事？　現代行為論の強力な理論的基盤を提供しているD・デイヴィドソンは、行為を表現する文の論理形式を定める作業を進めて、行為を、存在量化を蒙る出来事として行為文のうちに登場するものであるとした。例えば例Bを適切な形で表現

しようとすれば、

B-(1)(ヨx)(塗る(勇太、バター、パン、x)&xはゆっくりだった)

の形式をとる。(1)

この文では、xは出来事としての行為を表す単称名辞であり、勇太がパンにバターを塗るという行為xが、人や物と同様に存在すると主張している。デイヴィドソン以前に行為文の論理形式を論じた哲学者たちは、たいていの場合、行為を、行為者、行為者によって引き起こされた事態、その事態を引き起こすという観念の三者から分析していた。例Bは、例えば、

B-(2) 勇太がバターをパンにゆっくり塗ることを引き起こす

B-(2) 勇太 brings it about that p(p=バターをパンにゆっくり塗る)

と分析されるだろう。

このような分析では、動詞"bring about"(引き起こす)を用いることによって、世界内の因果連鎖に介入する行為者性を表現できると想定されていた。しかし、B-(1)は当然のこととして、「勇太はバターを塗る」を、(ヨx)(塗る(勇太、バター、パン、x))の論理形式で含意できるのに対して、

B－（2）では、「勇太はバターを塗る」を含意できない。勇太が「バターをパンにゆっくり塗ること」とは違った事態だからである。

デイヴィドソンはこのように、行為文の論理形式において出来事としての行為の占める位置を見出してやることによって、行為者性にまつわるミステリーを行為の文法から追い払い、われわれが意志的に世界に介入するという謎を、より明晰に解明しようと試みる。

欲求－信念モデル

デイヴィドソンも、その先行者であるG・E・M・アンスコムと同じように、行為者性を考察するさいに、内的に自存する自由意志を自明のものとしてそこから出発するのではなく、行為が意図的であること、あるいは、行為がなされたときの意図に注目する。行為とは、意図的な行為であるか、意図的行為の部分としてなされたふるまいである。それは身体的動作であっても、反射的なふるまいとは違う。例えば、ティルピッツ号を沈める意図のもとで（誤って）、ビスマルク号を沈めた将校のふるまいは、意図的ではなくとも行為である。

行為が意図的であることは、行為者性を考えるさいに中核をなす要因であるが、では意図的行為とはなにか。アンスコムの答えは、「なぜか？」の問いに、原因ではなく理由をもって答えられる、「観察に基づかないで知られるもの」のクラスだというものである。デイヴィドソンは、意図的行為が何らかの理由によって合理化される（はずの）ものだという点においては、アンスコムに同意するが、行為を第一義的に説明する理由（primary reasons）は、原因（cause）であるという因果説の立場をとる。冒頭の例Aの大統領は第一に、サインをすることによって、I国を空爆することを欲求しており、デイヴィドソンの言葉を使って言い換えれば、「賛成的態度（pro attitude）」をとっている。デイヴィドソンは、ある行為へと人を向かわせる態度を、欲求、宗教的見解、価値判断、社会的慣習など多様な態度を含んだ人の心的状態の欲求的部分とみなす。例Aの大統領は第二に、サインすることが空爆を実現することになり、世界から危険を取り除くことになることを信じているから、その賛成的態度と相俟って、サインする行為に導かれる。「知っている」ではなく「信じている」と述べるのは、人は、知っていなくても、あることを信じるだけで行為できるからである（じつはI国は重大な危険ではなかったのかもしれない）。例Aを考えることから分かってくるのは、われわれは、かなり多数の（未成立だが可能な）因果連関や社会制度に通じていなくては、行為をなすことができないということである。サインが大統領による権力の裁可の標だということ、大統領命令は何らかの行程をへて前線の部隊に伝えられること、爆撃は建築物を破壊し人間を殺傷する大きな能力を持つことなどである。

デイヴィドソンの中心的な主張は、これら欲求と信念とが、行為の原因となるから、意図的行為の理由であるというものである。デイヴィドソン以前のいわゆる反因果説の立場では、行為の理由を知ることは、理由によって与えられる行為の再記述を行うことにすぎず、その行為が生ずる適切な文脈のなかに置くことであるというものであった。例Aの大統領のサインという行為は、大統領の義務を果たす、宗教人としての務めに忠実であるなどの文脈のなかで行為の主旨を把握することであり、このように、理由を与えることは行為の再記述である以上、原因と結果は別個のものであることを考慮するなら、理由は原因ではないと推理できる。そう反因果説論者は主張する。それに対してデイヴィドソンは、行為を再記述してより大きな解釈の文脈のなかに置いたからといって、それが意図的行為を説明することにはならないと反論する。大統領の行為を、宗教人としての務めの文脈に置いたとしても、大統領の当の行為が、意図的ではない可能性がある。文脈のなかにおく説明――「もし大統領が宗教人としての務めに忠実であるなら、彼はサインをする」――は、なぜサインという行為を意図的にしたのかについて、まったく説明を与えていない。こうした説明を与えうるのは、一定の賛成的態度と信念とが、その行為の原因となったという、因果的説明以外のものではないというわけだ。

何が問題か

デイヴィドソンは、以上のような行為の説明の「欲求‐信念」モデルは、行為の出来事存在論には矛盾しないという。賛成的態度と信念とは、状態ないし傾向性であって、出来事の原因とはなりえないのではないかという疑問に対して、状態ないし傾向性も、「その橋は構造的な欠陥のゆえに倒壊した」の例のように、出来事の原因として挙げることができる、と答える。

これら、出来事存在論と欲求‐信念モデルは、一九六〇年代以降、行為の哲学の発想の中心であった。しかし、出来事としての（基礎）行為と心的状態としての欲求‐信念とのあいだの因果関係を意図的行為の出現の基盤とみなす考え方に、問題がないわけではない。

まず、賛成的態度と等置される欲求という心的状態が、それだけで行為を引き起こすのに十分かという問題が提起される。われわれは、それが実現可能であるにせよそうではないにせよ、さまざまな欲求を同時にもつことができる。時にはそれら欲求が相反する場合すらある（ダイエットしたいという欲求と目の前のソフトクリームを食べたいという欲求）。確かに、すでになされ終えてしまった行為について、欲求や信念を挙げてその理由（原因）による説明をすることはどのような場合も可能である。しかし、これから何かをなそうと計画する場合のように、まだなされていない行為をめがけてふるまうさいには、欲求の存在は決定的ではなく、意図（intention）によるコミットメントがなければ、行為は生じない。端的に行為に向かう意図と、そのようなことを必ずしも伴わない欲求とを区別せねばならず、デイヴィドソンも次第に、「意図すること（intending）」が、意図的行為において中心であることを認めるようになっていった(2)。

さらなる問題は、「逸脱した因果連鎖（deviant causal chain）」という難問である。ある行為がなされたときに、その原因が関連する欲求と信念であるはずなのに、こうした因果連関が、当の行為を意図的にしない、という難問である。例えば、パートナーとロッククライミングをしている最中に難しい岩場で進退窮まったクライマー翔平のことを考えてみる。この危険から抜け出すには、翔平は、パートナーと結ばれているロープを離して身を軽くするしかない。こう状況について信念を抱き、ロープを離したいという欲求を心に抱いたとたん、翔平の心は大いに乱れ、思わずロープを離してしまう。そのさいロープを離してしまったことは意図的だとはまずいえまい。関連する信念と欲求が原因であるのに、意図的行為が生じないという事態は、デイヴィドソン自身が反因果説を論駁するさいに、反因果説の文脈による説明では、行為が意図的であることを説明できないとしていたのだから、厳しい問題である。逸脱した因果の難問には、多くの人が解決策を提示してきたが、いまだに決定的な解答は得られていない。

3　表現としての行為——テイラーの提案

行為を、客観主義的な出来事存在論と欲求‐信念モデルからとらえることをせずに、行為を端的に、「表現（expression）」とみなすチャールズ・テイラーの行為についての議論は、標準的な行為論の枠組みとは異なる方向へと行為を解明するようわれわれを導くだけではなく、逸脱した因果連鎖の難問にも、一定の回答を与える(3)。

例えば、勇太がパンにバターを塗るという行為をしたときに、標準的な行為論の枠組みに従えば、バターを塗ってパンを食べたいというような心的状態としての欲求と、この欲求によって引き起こされたパンにバターを塗るという行為とが、行為の成分として要請される。両者は因果関係にある以上心的状態としての欲求が、出来事としての行為より時間的に少し前には生じていなくてはならないという意味で、分離している。しかしテイラーの提案によれば、バターを塗ってパンを食べたいという欲求は、バターを塗るという行為において表現されているのであり、欲求と行為とはここでは不可分離的である。テイラーはアンスコムの著名な表現、「欲することの原始的なしるしは、得ようと試みることである(4)」

を「欲することの自然な表現は、得ようと試みることである」と読み替えて、欲求と行為の不可分離性を主張する。欲求は、その欲求が生み出そうとする行為へと訴えることがなければそれとして同定されない。

パートナーのロープを離してしまったロッククライマー翔平の場合に欠けていたのは、欲求と行為とのあいだの「表現」関係であり、通常の行為においては、欲求は行為において表現されている。例Aの大統領は、サインすることにおいて、宗教的に問題あるテロ国家を消滅させるという欲求あるいは意図を、的確に表現したのである。

欲求は行為によって不可分離的に表現されていると主張されているときの「表現」とはどのようなものだろうか。表現はまず、何ものかXがXと同一ならざるYにおいて具体化されて顕かになるということを必要条件とする。例えば、建物が今にも倒壊しそうだと、その建物が不安定に見えることから推論するような「相貌の読み取り（physiognomic reading）」がそうである。表現とはこれに加えて、二つの十分条件を要求する。第一に、表現されたものがその表現においてしか顕かにならないということ。第二に、相貌の読み取りにおいては、XがYにおいて観察されるだけなのに、テイラーの考える強い意味での「表現」においては、まさにY（この場合行為）がX（欲求）を顕かにするのである。

サインしたとき大統領は、行為を不承不承にでもなく強制されてでもなく行った正常な「基礎的（basic）」な状況にあった。こうした正常な状況を可能性としてでも考慮できなければ、欲求の言語を持つことはできなくなってしまう。テイラーはこのように行為と欲求が不可分離な行為を、「幸福な行為（happy action）」と呼ぶ。この場合、行為はより強い意味で欲求を表現する。行為は、例えば、私の疲労や神経過敏が何かを見せしめているのとただ同じ意味で、欲求を表現しているのではない。むしろ幸福な行為は公共空間に具現化された欲求であり、つまり、欲求が不可分離である行為のうちで具現化されている。したがって、行為は欲求を定義する特性を表明しているのである。(5)

欲求と行為を原因と結果として考えることはできる。その場合でも、欲求を時間的先行条件として行為と分離して識別する非正常な状況が生じているのであって、標準的な行為論や逸脱した因果の例は、この非正常な状況をモデルとしているからこそ発現してくる。

4　解釈としての行為――ハイデガーの行為論

現代の標準的な行為論の枠組みでは、行為について最低限三つの位相が区別される。

1　心的状態としての欲求あるいは賛成的態度
2　欲求を原因として引き起こされる基礎行為

3　この基礎行為によって因果的に引き起こされた世界内の出来事

例Aをとれば、大統領の宗教的信念を背景にした、「悪の国家」を破滅させる欲求、その欲求を原因として引き起こされた、（サインするにふさわしい）手の運動、さらにサインという行為が原因となって世界内に引き起こされるさまざまな結果、ということになろう。ここには、二種類の因果関係が含まれている。欲求から行為へと向かうもの、および行為から世界内の出来事へと向かうもの、の二種類である。行為とは世界内の因果連鎖に介入するものなのだから、後者の（2→3）の因果関係を想定するのは自然であり、適切である。しかし、前者の（1→2）の因果関係を想定することは、自然であろうか。テイラーが欲求と基礎行為を分離しなかったのは、（1→2）の因果関係を否定すべきだと考えたからではなく、むしろ、そうした因果関係だけでは、行為が人における何かを開示するものだということを解明するのに不十分だと考えたからであろう。人が何らかの行為をすることは、欲求や信念という心的状態によってたんに引き起こされることではなく、行為者自身の存在が他者と自己自身に対して表現されることであり、人間を最も人間的たらしめているものである。

『存在と時間』におけるハイデガーの行為論は、「現存在にとってはその存在においてこの存在自身が問題だ」という、人間の実存の開示の場面で読み取ることができる。この「存在」とは、倫理的に深刻な問題を抱えた自己でも、心理学的に特殊な意識や状態に彩られた自己でもなく、どんな日常的な習慣的なふるまいにおいても、問題になっている自己の（行為の）可能性である。(6)ルーティーンワークとして、家を造るためにハンマーを使用している（ハイデガーの挙げる例として）著名な大工なら、ハンマーを使用して家を造る技能を身につけた者という自己の可能性に導かれながらハンマーを使用している。ハイデガーの言う了解とは、このように個々の行為を可能性として方向づけるという意味での企投（Entwurf）である。ハンマーを用いる一瞬の要素的動作は、この可能性によって先行的に開かれている地平のうちに位置づけられることによって、一つの行為として成立する。

了解が個々の行為を可能性として方向づけるとハイデガーが主張するとき、（1→2）の因果関係を行為の説明として否定しようとしていることは明らかである。のみならずハイデガーは、方向づけが、行為の充足条件を定めるような何らかの命題的表象を持つことだということをも拒否する。「大工としてハンマーをふるう」という命題的表象を予め心に持たなくとも、大工は大工である自らの可能性から、ハンマーをふるうことを導くことができる。このような可能性による方向づけは、確定した命題的内容、概念的内容を含んでいない。その詳細が未完成であるという意味では不確定であり、しかし、行為者が自らの可能性について、その理由を述べるなどの解釈をすることができるという意味では、ある程度分節化されている。

行為とはハイデガーにとって、不確定ではあるが分節化されている行為の方向づけ（可能性）が、状況にそのつど応じて、ある個別の、詳細を備えた行為へと自らを完成させていくことであり、その意味では行為は不確定な可能性の表現である。デイヴィドソンは、「パンにゆっくりバターを塗る」を内容とする欲求が、「パンにゆっくりバターを塗る」という記述内容を持つ行為を因果的に生じさせるとまでは述べないだろうが、現実には、「パンにゆっくりバターを塗る」という欲求内容が予め存在することはありえないし、「パンにゆっくりバターを塗る」という行為の詳細は、行為が生じてからでなければ確定できない。デイヴィドソン的因果説をとるにせよ、欲求はそれが行為のうちで具体化されるまでは漠然と不確定なものであったのであり、行為の詳細を識別してから事後的に、行為者に帰属させられるものなのである。

何らかの不確定な方向づけが、状況に応じて個別の詳細を備えた行為へと完成されていくことは、ハイデガーの言葉を使えば、現存在の自己の存在了解に、「解釈」が与えられることである。例Aの大統領は、自分の名前を特定の詳細を持った仕方で——例えば、きわめて念入りにかあるいはいつもと同じようにか——サインすることにおいて、自分の存在——そのなかには宗教的信念や、国家観、同僚に対する理解の仕方などが含まれるのだろうが——を、表現し、自らをある仕方で完成したのである。つまりは自分の存在了解を解釈したのである。繰り返しになるが、ここには、(1→2)の因果関係は介在せず、(2→3)の因果関係が必要とされる、というかそれ以上に、そうした因果関係の網の目のなかにあることが行為の不可欠の必要条件となっている。

ハイデガーの行為論は、デイヴィドソン的な行為論がうまく扱えなかった意図の現象に適切に対応している。ハイデガーの狭義の存在了解、すなわち自己の可能性の企投は、時として生ずる計画や決意のようなものではなく、日常的行為を絶えず導いているという意味では、行為への全面的コミットメントを含んでおり、一般的ポリシーとしての意図であるか、行為と意図とが不可分離的な、意図的行為そのものである。

ハンマーをふるうという大工の行為が意図的行為であるか否かは、行為の原因となる欲求や意志が先行しているかどうかによるのではなく、現存在（行為者）のコミットメントが、意図的行為を形成するのに十分なほど分節化されているか否かにかかっている。意図的行為とは、当のふるまいに対して、理解可能な解釈（「なぜ？」への答えとしての）をするのに足るだけの理由を備えたふるまいのことであり、先行する適切な意志・意図や、欲求・信念の対のゆえに意図的となるのではない。

二つの例を比較しよう。爆撃命令にサインした大統領の場合と、朝のルーティーンワークの一部として、パンにバターを塗っている勇太の場合である。二つの行為はともに意図的である。ではあっても、前者の行為の方が後者の行為より、より意図的であることは明白であろう。この差異を生み出したのは、前者にはより強力な心的状態としての意図や決意が先行し、後者の意図は、前者のそれより弱いということではなく、どの程度行為が分節化されているのか、ハイデガー的に言い換えれば、どの程度、解釈としての行為が導き出される存在了解が、分節化されているのかである。大統領は、自らの爆撃命令のサインという行為について、きわめて詳細な「なぜか？」についての理由を挙げられるだろう。「I国は、わが国の情報機関の調査によれば、あと六ヶ月以内に核爆弾を完成させることができ、しかもその国の宗派は、世界各地のテロを、財政的、精神的に支援してきている、などなど」。それに対して勇太の答えは、「いつもの朝と同じだ」とか、「バターはゆっくり塗るのが習慣なんだ」というような程度のものであろう。意図的行為の意図性の程度を規定するのは、原因として先行する心的状態のあり方ではなく、何らかの行為の方向性を蔵している、自己存在の了解の、その分節化の程度なのである。

われわれは日常生活において、大工としてや、事務職員として、あるいは学生として、何らかの行為の方向性を蔵した、自己存在の了解そのものであり、一定の状況が与えられるごとに、了解にふさわしい行為を、解釈として完成させていく。こうした行為の方向性は、何かを制作するとか、なにかの役割を果たすというような日常生活を構成している位相にのみかかわるのではない。われわれは、他者と社会を共有する存在であって、倫理的な意味で行為する存在でもある。近年のハイデガー研究は、非本来性としてハイデガーによって性格づけられる日常性の場面だけではなく、本来性の場面でも、存在了解が行為を倫理的に導く仕方に注目している。ハイデガーはアリストテレスが提示した徳 (aretē) を、人間の自己了解を解明するために援用する。実践的な徳の最も顕著な概念は、思慮 (phronesis) であり、本来的な行為者とは、思慮ある人 (phronimos) である。大工のような職人が持つ日常的な自己了解は、自己の行為につねに方向性を与えるものとして、非明示的に実践的な仕方で、自己を自己に出会わせる技能だが、一定期間の習慣的行為の後に第二の自然として獲得された思慮のような徳も、一種のエキスパート的技能として行為者の倫理的行為を方向づけている。(7)

パンにバターをゆっくりと塗っていた勇太は、バターを塗るという技能を、一定期間の訓練の後に獲得し、バターを塗らねばならない状況が現れるや、その技能を発揮して、意図的行為を導くことができる。同様に、爆撃命令にサインした大統領も、自らに備わった徳に応じて、他国を攻撃するか否かの決断を下す行為をなし、その決断は、大統領の徳――これが「思慮」と呼べるものであるかは断定しないが——という自己了解が、状況に応じて解釈されたものなのである。
行為者性をどのように理解すべきか。現代行為論の標準的枠組みと対比したときに、ハイデガーによる解釈としての行為の概念は、標準的枠組みにとって問題であった点に、適切に応じられる。繰り返しになるが第一に、つねに現存在を方向づけつつ、自らを完成していく自己了解は、標準的枠組みに欠けていた意図のコミットメントをすでに含んだものであり、端的に意図であるか、自らを絶えず意図的行為として完成させつつある。この点で、行為のコミットメントに欠けている欲求概念よりは、われわれの日常に適合した発想である。第二に、テイラーの表現としての行為、ハイデガーの解釈としての行為という考え方に依拠するなら、欲求が何らかのふるまいの原因となっているのに、それが意図的行為ではないという「逸脱した因果連鎖」の難問を、回避することができる。行為が欲求の表現であり、それ以外には欲求があらわにされる場面はないというテイラーの考え方にしろ、すでにつねに方向を与えている自己了解が、自らを完成、解釈して、不確定な方向性を、より詳細に確定していくというハイデガーの考え方にしろ、行為を導き方向づけるものと（基礎）行為とのあいだの結びつきは因果関係ではなく、その表現・解釈だけが行為者の自己了解としての意図や欲求をあらわにする表現関係なのであり、この表現関係の結びつきが、意図的行為の意図性を構成しているのであるが、一方逸脱した因果連鎖の例では、この表現関係が欠損している。第三に、徳の概念に依拠するハイデガーの行為論は、倫理的行為とは何であるかを、教えてくれるが、それは行為の因果説の約束できないことである。ある倫理的行為とは、徳として身に備わった自己了解が、そのつどの状況と邂逅して作り出す自己の表現であり、本当に思慮ある人の場合でも、日常的状況に技能的に対処するだけの人の場合でも、何らかの仕方で、徳が表現されていると考えられる。この場合徳は、個別的な行為を発現させる理由となるか、あるいは個別な行為の詳細を完成させる技能の、二つの側面を併せ持っている。前者の側面に注目するなら、徳こそ有徳な行為の「第一義的な説明となる理由」だということになり、いわゆる「理由の空間」の基礎となる部分を構成する。大統領が思慮深ければ、自ずと、爆撃の副次的結果をも考慮に入れ、サインを思いとどまったかもしれず、「サインを思いとどまる」という否定的行為として、大統領の備えた思慮が表現される可能性もある。第四に徳は、それを備えることによって状況が何を要請しているかへの「感受性」をも行為者に授ける。思慮深い大統領は、そうでない人とは正反対の仕方で、世界を認知できる可能性がある。世界は差し迫った危険に満ちているのではなく、大国自らが正義を振りかざすことによって危険を作り出すことすらありうる、と。徳はこのように、単なる習慣や性向ではなく、自らに適合した認知を備えた自己の深い能動性なのであり、人間に自由意志があるとすれば、その唯一の源泉である。

5　心身一体で自己を表現する行為者

行為者性を問うわれわれの議論は、現代行為論の標準的枠組みを考察して、賛成的態度による（基礎）行為の因果的引き起こしに、行為者性の中核を見る行為の因果説と出会った。

行為の因果説の出会った難問を解決する発想として、「表現としての行為」、あるいは「自己了解の解釈としての行為」を行為者性の中心をなすものと考える、テイラーとハイデガーの考え方を、因果説と対置した。図1は、これらの二つの対立する発想を、簡単に図式化したものであり、図2は例Aを用いて図1を具体化したものである。

図1

（1）現代行為論の標準的枠組み（行為の因果説）

1　心的状態としての欲求あるいは賛成的態度

因果関係 ←

2　欲求を原因として引き起こされる基礎行為

因果関係 ←

3　この基礎行為2によって因果的に引き起こされた世界内の出来事

（2）表現としての行為

1　欲求、意図、可能性としての技能・徳

表現関係 ☜

2　1の表現あるいは完成態としての基礎行為

因果関係 ←

3　この基礎行為2によって因果的に引き起こされた世界内の出来事

図2

（1）現代行為論の標準的枠組み（行為の因果説）

1　宗教的信条や正義感、あるいはその正義感を実現したいという欲求

因果関係 ←

2　爆撃命令を出すような仕方でサインの身体運動（基礎行為）をすること

因果関係 ←

3　爆撃の実行、予期せざる（された?）副次的結果としての数百人の児童の死亡

（2）表現としての行為

1　大統領の徳

表現関係 ☜

2　1の表現あるいは完成態として、爆撃命令を出すような仕方でサインの身体運動（基礎行為）をすること

因果関係 ←

3 爆撃の実行、予期せざる(された?)副次的結果としての数百人の児童の死亡

ここまで述べてきた、「表現としての行為」、「解釈としての行為」という考え方には、深刻な問題が含まれている、と考える人がいるかもしれない。何らかの心的なものが物的なものを因果的に引き起こすことによって、行為者性を説明できるとみなす、つまり(1↓2)の因果関係に訴えることによって行為者性を説明する因果説は、心身問題に対するわれわれの自然な直観を反映しているが、「表現としての行為」は、この直観に反するのではないのか。テイラーのいう欲求や、ハイデガーのいう方向づけや徳といったもの――1の位相にあるもの――は、人間における「心的」なものであって、問題は、この心的なものが、身体という物的なものを動かす原因になるということではないのか。こうした一種の心身問題を無視したところに「表現としての行為」という考え方の重大な欠陥があるのではないか。

「表現としての行為」の考え方は、欲求や徳が脳の解剖学的機構とそのはたらきに依存すること、欲求や徳の表現としての基礎行為が、身体的であって、脳から運動神経や筋肉にいたる神経科学的経路が成立しているということを否定はしないし、それどころかそのことを全面的に前提にしている。しかしそれはデカルト的二元論が想定するような、心から物質への影響関係やその逆の影響関係とは違う。心的なものと思える欲求や徳が身体的なものに付随して生ずると考えてもよいし、あるいはスピノザの心身並行論のように、両者がそれぞれ対応しながら並行して生じているとみなすことも自由である。いずれにせよ、(1↓2)の因果関係が否定されていればよいのであり、人間的行為者は、心身一体で自己

を表現するものとして、世界内の因果連鎖に介入するのである。

注

（1）Donald Davidson,"The Logical Form of Action Sentences," in his *Essays on Actions and Events* (Oxford: Clarendon Press, 1982), 118.

（2）Donald Davidson, "Intending," in his *Essays on Actions and Events*, 83-102. こうした意図の重要性をさらに展開したのが Michel E. Bratman, *Intention, Plans, and Practical Reason* (Cambridge MA: Harvard University Press, 1994) である。

（3）Charles Taylor, "Action as Expression," in *Intention and Intentionality : Esssays in Honour of G.E.M. Anscombe*, edited by Cora Diamond and Jenny Teichman (Brighton: The Harvester Press, 1979), 73-89.

（4）G. E. M. Anscombe, *Intention*, 2nd ed. (Oxford: Basil Blackwell, 1979), 68.

（5）Taylor, "Action as Expression," 87.

（6）日常的行為のハイデガーの理論についての以下の叙述は、すでに公刊された私自身のハイデガーの行為論に基づいて、この論文の枠組みに合わせた簡略化を施して成立したものであることをお断りしておく。詳しい議論は、門脇俊介『理由の空間の現象学――表象的志向性批判』（創文社、二〇〇二年）5章を参照されたい。

（7）J・マクダウエルとH・L・ドレイファスは、近年の論争において、一方がアリストテレス、他方がハイデガーを引きながら、この点においては一致している。Hubert L. Dreyfus "Overcoming the Myth of the Mental: How Philosophers Can Profit from the Phenomenology of Everyday Expertise,"（APA Pacific Division Presidential Address 2005）*Proceedings and Addresses of the American Philosophical Association* 79, no. 2,（November 2005）: 47–65. これに対する応答としてのマクダウェルの講演は、John McDowell, "What Myth?" *Inquiry* 50, no. 4（August 2007）: 349–350. この論争に関しては、本書第8章で論じた。

第Ⅳ部　現代の分析哲学との交錯

第10章　ハイデガーと分析哲学

1　現代の分析哲学との関係——ネーゲル、ドレイファス、ローティ、ホーグランド

十数年ほど前だと思うが、『コウモリであるとはどのようなことか』（日本語訳、原題は *Mortal Questions*, 1979）で日本でもよく知られているトマス・ネーゲルが、長年にわたって書いてきた書評をまとめて一本として出版した（標題は *Other Minds*, 1995）(1)。この書評集の序文のなかでネーゲルは、自分が属してきたいわゆる「分析哲学」の文化（philosophical culture）について、自らの個人的な回想をも交えて、少し砕けた調子で論評を行っている。ネーゲルは、どのような哲学の作品が、単なる歴史的な興味以上の偉大さという点で、後世にまで読まれるだろうかという問いに触れている。偉大さの不滅性という点では、まったく新しい哲学問題を設定したウィトゲンシュタインが近年では最大の候補かもしれない……。もちろんそうした問題に対する彼の応答が皆によく理解されているわけではない

し、評価が定まっているわけでもない。続けてネーゲルは言う。ラッセル、フッサール、サルトル、カルナップは、しばらくのあいだは知られた名前であり続けるだろう。そして、不幸なことに（unfortunately）、ハイデガーもまた(2)。

あれ、と思われるネーゲルの読者も多いかもしれない。『コウモリであるとはどのようなことか』のなかで、「死」や「人生の無意味さ」について論じ、人間的意志の自律性をむしばむ「道徳上の運」を考察するネーゲルが、ハイデガーに対していまだにこのような反感をいだき続けているのかと。このような当惑は、まず一つには、ネーゲルという哲学者が自らの生い育った分析哲学の伝統をいかに尊重し、しかも、彼が理性の普遍性をいかに強く擁護しようとしている哲学者であるかについての、誤解から生ずるのかもしれない(3)。

しかしこの当惑が、無知のゆえの単なる誤解からくるものだとは、断言できないことも認めなくてはならない。明示的な理由づけや正当化によってはとうてい支えることのできない、信念と行為の現実を、そのままに肯定するのではなく、無意味さに接した人間固有の秘密として、アイロニーをもって理解しようとするネーゲルの対し方を、ハイデガーの思索した事柄とまったく無関係だと言い張ることなどできない相談であろう。

ハイデガーにある種の反感を抱き続けながらも、意識することなく、ハイデガー的な問題圏に踏み込んでいるネーゲルのような哲学者たちのほかに、分析哲学の内部から、ハイデガー哲学を重要な発想の資源として再評価する動きは、むしろ大きなものになっていると思う。(4)

分析哲学の内部で、われわれにとって最もよく知られたハイデガーの擁護者は、ヒューバート・ドレイファスとリチャード・ローティの二人であろう。英語圏にあって長い間ヨーロッパ系の現象学的思考を擁護してきたドレイファスは、正確には、分析哲学の内部の人物とはみなされないこともあるが、(5)きわめて注目すべき一点において、分析哲学の伝統と現象学の伝統を交差させた。『存在と時間』におけるハイデガーの解釈学的現象学は、多くの哲学者たちから、「意識の領野」があらゆる理解可能性の源泉であるとするフッサールの現象学を、道具使用のような行為や感情までも考慮に入れて、拡張し深化させたものであるとみなされてきた。ところがこのようなフッサールとハイデガーの親近性の図式は、ドレイファスにとってはきわめて疑わしいものなのだ。つまり、意識に内在する、意味を負荷された知覚的表象や、あるいは構文論的に構造化された命題的内容を通して、意識がその外部へと超越するというフッサール的な「表象的志向性」(6)は、ハイデガーがよく知られた道具使用というふるまいの例に即して明らかにしている、意識された知覚的表象や心的な命題内容を伴わずに生ずる「没入的志向性(absorbed intentionality)」とは根本的に区別されるべきものだというわけだ。『存在と時間』の第一篇のハイデガーの仕事の一つの中心点は、この非表象的な志向性概念によって、デカルトからフッサールにいたって完成され、さらにはサールのような分析哲学者にまで浸透している、表象主義を批判し、その批判に見合った存在論を構築することにあったわけである。フッサールらの二十世紀版表象主義が、おもに、文の形で表明可能な命題的内容に関する信念志向性に依拠しているとするなら、命題的なknow-that を扱う表象主義に対して、ハイデガーは、没入的志向性の持つ技能的な know-how を扱う「技能の現象学」を展開していると言えるだろう。ローティによれば、この点でハイデガーは、フッサールの正統的な現象学の後継者であるよりは――あるいは表象主義に忠実なカルナップらの論理実証主義からサールにいたる表象主義とは対立する――、デューイのプラグマティズムやライルの行動主義、あるいは後期ウィトゲンシュタインの反表象主義の同調者だということになる(7)。

ハイデガーを、分析哲学のより踏み込んだ議論と類比的にとらえようとするのは、ジョン・ホーグランドだろう(8)。ホーグランドは、『存在と時間』における道具的存在者(Zuhandenes)の存在論を、デイヴィドソンによる心的出来事の存在論と類比的にとらえようとする(9)。デイヴィドソンによれば、信念や意図のような心的出来事と物理的出来事とを異なった種類の存在者として区別しているものは、当の存在者を一定の領域に属するものとして意味をなすようにする理解の理論の違いである。心的出来事がそのようなものとして理解されるのは、他の心的出来事や心的状態に合理的に関係づけられてある全体をなすからであり、このような全体は、厳密な因果法則に支配された閉じた物理的存在者のシステムとは区別される。ハイデガーが、従来の存在論の依拠してきた存在者とは峻別している道具的存在者が、そのようなものとして理解され用いられるのも、それが道具の用いられるコンテクストの全体のうちで適切な場所を得ているという「適所性（Bewandtnis）」（道具の存在）のゆえなのである。そしてどちらの場合にも、存在者が理解可能になる全体を作り出すパターンは、規範的なものということになる。デイヴィドソンの場合なら、推論的な関係に代表される合理性や理論の最適性、ハイデガーの場合なら、社会的慣習に根ざす役割や適所といった関係が規範の全体論を構成することになる。もちろんここには、道具理解がドレイファスの強調したような技能的なふるまいであること、ハイデガーの世界内存在の概念に含まれる「われわれ（＝世人）」主体、行為のコミットメント、などの相違があることも見逃されてはならない(10)。

ドレイファスやホーグランドの指摘するハイデガー哲学の分析哲学に対する意味は、ハイデガーの哲学が直接誰かある分析哲学者に影響を及ぼしたというような関係ではない。しかし、狭い意味での分析哲学の伝統から少し離れて、現代の認知科学の発展に目を向けると、ハイデガーの思想の直接的な影響というものをはっきりと認識することができるようになる。よく知られているように、ドレイファスは三十年ほど前に、認知科学における古典的な計算主義が提唱していた予想、すなわち、きわめて近い将来、認知科学は人間知性を人工的に再現できるという予想を、ハイデガーを含む現象学的発想に基づいて厳しく批判した。ドレイファスによるＡＩ批判は、常識知識問題やフレーム問題の自覚を経て、現在ではすでに教科書的常識にすらなりつつあるのだが、さらに驚くべきことに、ドレイファスを介して定着しつつあるハイデガーの発想を取り入れた「ハイデガーＡＩ」なる研究プログラムまでが存在している。その発想とは、日常的なふるまいを導いて環境と相互作用をなすためには、ふるまいの主体は世界をモデルとして内的な表象を作る必要はないということ、あらかじめ明示的に心のうちに形成された計画や意志なしに、環境との相互作用を通して一定のふるまいの方向性が形成されうるというものである。このような「相互作用的認知観」とでもいうべきものは、認知科学の広い範囲で大きな影響を及ぼそうとしている。(11)

2　一九二〇、三〇年代の分析哲学との関係――論理実証主義

これから話題にしようと考えている「ハイデガーと分析哲学」の問題は、今述べたような、現代哲学におけるハイデガーの思想の反響ということではない。ここで話題になるのは、一九二〇年代から三〇年代にかけて、われわれが現在想定しているような分析哲学の伝統と、ハイデガーを含めた現象学の伝統が異なるものとして、あるいは対立するものとして自覚され始めた経過と、その歴史的経過のなかに内在する哲学的な意味である。どちらの伝統も、それらの誇る哲学的革新の身ぶりにもかかわらず、まったくの哲学史的な真空状態のなかから出現したわけではないし、さらに、われわれの思っている以上に、共通の哲学的土壌においてお互いを意識しながら自らを展開していったのだということ、そしてそのことの持つ哲学的な意味についてである。分析哲学と現象学のそれぞれの祖であるフレーゲとフッサールの直接的な交流と、それを越えたアイデアについての重なりと差異については、これまでも議論が積み重ねられてきている。

ハイデガーについてはどうだろうか。この時代、ハイデガーの哲学は、当時ドイツ語圏で勃興しつつあった「論理実証主義」の運動と、大陸の対岸つまりイギリスで形成されつつあった日常言語学派の運動とあるかかわりを持っていた。前者に関するかかわりは、カルナップの論文「言語の論理的分析による形而上学の克服」に表明された論理実証主義者の側からのハイデガー批判を通してよく知られている事柄であって、この論文に表明されたカルナップのハイデガー像は、以後の分析哲学者のハイデガー理解に決定的な刻印を残している。後者に関するかかわりは、若きギルバート・ライルが、英語圏における最も初期の現象学の読者として、『存在と時間』に関する書評を書いたことを指す。この二つのかかわりをもう少し注意深く検討することによって、分析哲学とハイデガーとの哲学的な関係についての、われわれの像を明るくすることができるのではないか。

論理実証主義の運動とハイデガーのかかわりを考え直す契機を与えてくれる研究が、最近出現してきている。それは、日本では（おそらく）カントの自然科学論の研究で知られている、インディアナ大学の科学哲学者マイケル・フリードマン[12]の一連の仕事である。フリードマンは、分析哲学の主流派の公式史観による「論理実証主義」像、すなわち、自明なものとみなされた「意味」の観念に依拠して、ア・プリオリとア・ポステリオリの区別を分析的／総合的の区別から導出する、経験主義的な基礎づけ主義であり、クワインの経験主義批判によって壊滅的な打撃を与えられた教説という像を、訂正しようと試みている。フリードマンはその試みを、勃興期の論理実証主義者たちがフッサールやハイデガーと共有していた歴史的なコンテクストにまで辿りなおし、彼らの哲学的革新の核を、経験主義の徹底化よりもむしろ、ア・プリオリな知識のまったく新しい定式化としてとらえることによって果たそうとしているのである。そしてこのことは、クワイン以降の自然主義に対してある種のカント主義を擁護することにつながってくる。[13] 論理実証主義におけるア・プリオリ概念については、ハイデガーとの関連で本章後半で述べることにしよう。

フリードマンは二〇〇〇年に、論理実証主義の成立してきた歴史的コンテクストを調べていくなかで、カルナップと、その対敵であるハイデガー、両者とほぼ同時代を生きた新カント派の哲学者カッシーラーの三人の哲学者たちの交流と三人の哲学の交錯を描いた、*A Parting of the Ways* を出版した。[14] 本章では論じられないが、フリードマンがカッシーラーを重視するのは、カッシーラー的なカント哲学がフリードマンが擁護しようとするようなカント主義の先駆者であって、それによってカッシーラーが、分析哲学的伝統と現象学に代表されるヨーロッパ哲学の媒介の可能性を開いているという見通しによる。[15]

フリードマンは、一九二九年にスイスのダヴォスで開かれた「国際大学コース」でなされた、ハイデガーとカッシーラーのあいだの有名な論争が、分析哲学と現象学的伝統との大きな歴史的分岐点だという認識を示している。[16] カント解釈をめぐって交わされた二人の論争は、カントにおける構想力の重要性についての意見の一致をみながらも（もちろんこれとてその背景にまったく異なった発想を隠しながらなのだが）、ハイデガーがカントから取り出した「人間の有限性」の概念をめぐって切り結ぶことのない言葉の空転を続ける。カッシーラーは、「形式」を通して無限性とかかわるカント的理性のあり方によって、人間の自由や絶対的なものの可能性、言語によるコミュニケーションの可能性を伝統的な仕方で擁護するが、ハイデガーは、有限性の概念を自らの存在論の全体の内部から外部にさらけ出すようなことはない。司会者も二人がまったく異なった言語を語っていると嘆いた論争は、ハイデガーが出席していた若い学者たちを引きつけ、ハイデガー哲学は、新カント派の合理主義に対して輝かしい勝利を得つつあった。

このダヴォスでの集まりに、*Der logische Aufbau der Welt*（1928）を出版したばかりの、カルナップも出席していた。彼は日記のなかで次のように会議の模様を報告している。

> 大学コース。カッシーラーはうまく話した。しかし少し田舎臭い。……ハイデガーは真剣で事象に即している（sachlich）。人間として魅力的。

さらにカルナップはハイデガーと、カフェで興味深い会話を交わしている。

> ハイデガーと、すべてを物理学的用語で表現する可能性について、目的と意味の問いをさえ、そう表現する可能性について語る。ハイデガーは、基本的に私の意見を認めた。

ダヴォス以降カルナップは、ハイデガーの『存在と時間』を詳しく検討し、一九三〇年の研究会では、ハイデガー解釈を同僚たちに披瀝し驚かせるほどにまでなっていた。ちょうどそのころカルナップは、

『存在と時間』ではなく、ハイデガーの「形而上学とはなにか（Was ist Metaphysik?）」（1929）を素材として、かのハイデガー批判論文「言語の論理的分析による形而上学の克服」[17]（1931）の最初の草稿を起草しつつあった。

「形而上学の克服」論文のカルナップは、悪名高いハイデガーの文章 „Das Nichts selbst nichtet" の無意味さを、感覚与件による検証可能性によって告発しようとするのではなく、Nichts（あるいは英語では nothing）の論理的形式違反から問題にしている。Nichts は否定に関する何らかの論理形式であるはずなのに、ハイデガーにおいては何かを表示する名前として使用され、あまつさえ nichten という無意味な単語の偽造すら起っていると。カルナップは、このような批判がハイデガーを傷つけることはないだろうということを、よく承知していた。ハイデガー自身が、「自分の問いと答えが論理学および科学的な思考法と和解できない」ことをはっきりと述べているからである。フリードマンが次の通り鋭く指摘しているように、カルナップとハイデガーは驚くべき一致を見せているわけである。

ハイデガーが喚起しようとしているような「形而上学的」思考のタイプは、論理学と精密科学の権威をまず投げ捨てることに基づいてのみ可能である（＝両者の一致点）。カルナップとハイデガーの違いは、ハイデガーがこのような投げ捨てを強く主張し、カルナップがそれに断固として抵抗する決意を固めていることにある。[18]

ではこの両者の違いを、カルナップが思い描くように、論理的に表現しがたい人生に対する態度を誤って哲学の言葉にしようとする人たちと、それに反対する人たちの違いとみなしてよいだろうか。ハイデガー自身はもちろん、カルナップに強く反発する（講義『形而上学入門』の草稿でハイデガーはカルナップの論文を名指しで反論）[19]。カルナップ流の「数学的‐物理学的実証主義」の誤りは、論理学的な学問性の仮象のもとに、存在（Seyn）を、——論理的な——文法的な観点から考察される、空虚な言葉 ist から了解しようとすることにある。ハイデガーは言う。

> 〔Seyn〕動詞の変化形のなかで、一つの形、すなわち ist が特に強調される。この ist は、事物的存在（Vorhandensein）あるいは単なる繋辞として理解されるのであるが、そのさい両者は、ロゴスすなわち言明の規定という意味で考えられた真理の把握に従ってそのつど理解される。ロゴスをどう解釈するかがすべての文法と文法形式にとって決定的であるように、このロゴスの解釈が、言明と対象との一致という真理把握にも、したがって存在を対象性とみなし、繋辞とみなすことにも、下図を描いている[20]。

ハイデガーの主旨は、存在問題を Sein 動詞の論理的文法の問題に切り詰めることが、真理がいかなるものであるか、存在一般がいかなるものであるか、についての理解の狭隘化を招くということにあるようだ。このような発想は、『存在と時間』における「事物的存在性（Vorhandenheit）」批判の重要な骨格を引き受けなおしたものだという点に、注意を払っておこう。カルナップにとっては、論理的・科学的精神と不合理な形而上学的精神の対立と見えている同じ事柄が、ハイデガーにとっては、事物的存在性による存在論の狭隘化とそれへの代案を伴った（自らの）批判として現れているのだということである。しかしここで、ハイデガーの論理学批判が、その有名な事物的存在性批判にほかならないというのは、一体どういうことか。『存在と時間』でほぼ確立したこの批判の意味はハイデガー解釈の基本にまで響くので、そう簡単には扱えないのだけれども、簡単に紹介しておこう。

『存在と時間』の存在論の一つの重要な課題は、「本当に存在するもの」とそうでないものとのカテゴリー的な区別をなすことにあった。人間を表す現存在、本章で先ほど述べた道具的存在性、そして事物的存在性の三つの存在論的カテゴリーのうち、道具的存在性が事物的存在性に先行するものであり、現存在の存在は、事物的存在性からは決してとらえられることはないというハイデガーの見解は、事物的存在性が単に、あらゆる存在を物理的に還元する役割を負っているからでも、いわゆる存在の実体化をなすという意味でもない。簡略化して言い切ってしまうと、事物的存在性は、存在を世界やコンテクスト抜きでとらえようとする理論装置の総体ともいうべきものなのである。古典的には、実体という第一存在を想定してそれらの全体としての世界を構想する存在論、近年では出来事や事実を世界の原子的要素とみなす存在論、あるいは関係の総体として世界を構成しようとする存在論、のいずれもが事物的存在性にコミットしていることになるだろう。

それに対してハイデガーが特権視する道具的存在者は、ホーグランドが述べているような規範的な全体性の内部でのみ現出し、この全体性は命題的な知に対してではなくドレイファスの言う「没入的な志向性」、know-how とカップリングされることによって成立するものなのである。世界あるいはコンテクストとは、このような全体性、非命題的な志向性、両者のカップリングを含んだ現象であって、事物的存在性を奉ずる古典的な存在論が、どのような形態をとるにせよ逸し続けてきたものなのだ。

事物的存在性においては、単にものだけが世界から切り離されて、原子的要素として存在論的ブロックをなすとみなされるわけではない。ものに相対する、実体としての精神とか、あるいは心的な体験や出来事もまた、世界と切り離して取り出されるなら、事物的存在者である。このとき、ものや心を記述する媒体としての言語も、世界やコンテクストを見失った事物的存在者に含まれることになるだろう（もの・心・言語を事物的存在性の「三位一体」と名づけることができよう）。翻って考えれば、事物的存在性の三位一体において中核をなすのは、言語の事物的存在性なのではないか。これまでの哲学は、言語の持つ論理的構造に見合った存在論を形成し続けてきたわけであり、実体性や出来事性などそれぞれの形態をとる事物的存在性は、そのつどの論理的構造の探究に依存した仕方で決定されてきたのではないか。そしてハイデガーの認識では、現代の論理学やその客観主義的な意味論こそ、この事物的存在性を決定的な仕方で完成したということになるはずである。カルナップら分析哲学者たちにとって、存在論を先入見から救い出す論理学の成功が、ハイデガーにとっては、事物的存在性の罠への最も悲劇的な転落なわけである。ハイデガーの論理学批判はすなわち、事物的存在性への存在論的批判である。ハイデガーのこのような批判は、現象学の内部にのみ生じた孤立した主張ではないだろう。命題間の論理的諸関係だけでは人間的合理性の持つ理解が成立せず、信念や意図を帰属し合う人間間の志向性の体制の内部でのみ、人間的理解は意味を持つという考え方（デイヴィドソン、ハーマンら）をハイデガーは支持するだけではない。彼はさらに、言語的理解は、明示化可能な規則に還元されない、技能や背景によって可能になるという考え方をも支持するはずなのである（例えばサールの「背景（Background）の概念」）。

3　一九二〇、三〇年代の分析哲学との関係——ア・プリオリの問題

ダヴォス以来のカルナップとハイデガーの直接的なつながりを辿って、われわれはすでに、その直接性を越えて、カルナップとハイデガーの対立の意味についての哲学的な考察へと導かれてきた。論理実証主義とハイデガーとの歴史的なつながりに関して、本章ではもう一点だけ話題を提供しておこう。論理実証主義とハイデガーとの直接的な交渉関係とは別のところで、しかしある歴史的な起源を共有しながら、両者のあいだである哲学的な共鳴が生じているということである。

このような共鳴は、先に少し触れたようにフリードマンが注目している「ア・プリオリ」の概念をめぐって生じている。カント的なア・プリオリの概念は、十九世紀以来、厳しい懐疑にさらされてきた。非ユークリッド幾何学の進展によって、ユークリッド幾何学がわれわれのこの物理的空間の真理を示す総合的知識ではないかもしれないことが示され、もし非ユークリッド幾何学の一つが物理的空間に適用

されるのだとしたら、ユークリッド幾何学は真理でさえなくなってしまう。ア・プリオリの知識を意味の上での約束事として保存しようとする論理実証主義者の試みとされているものも、意味と経験についての従来の経験主義の峻別が維持されないとするクワインの全体論の厳しい批判にさらされた。

あらゆる経験に先立つようなア・プリオリな知識を、認識論の基礎に要請するような哲学はもはや維持することはできないのだろうか。非ユークリッド幾何学とそれと手を携えて登場した相対性理論を、認識論にとって決定的な所与とみなす論理実証主義者たちは、クワインに完成を見るような経験主義の歩みの――最終的には乗り越えられた――一里程にすぎないのだろうか。フリードマンは違った見方を提示する。[21] 論理実証主義は、カント的なア・プリオリを非ユークリッド幾何学と相対性理論を前にして、一気に捨て去ったのではない。確かに、論理実証主義者たちは一様に、カントが主張した意味での総合的ア・プリオリには反対する。われわれの認識能力に先天的に植え付けられた、改訂不可能な絶対的原理など存在するはずはない。しかしながら彼らは同時に、カント的ア・プリオリに彼らなりの解釈を施してそれを救うことができると考えていた。

そのことが最も鮮明に現れているのが、ライヘンバッハが一九二〇年に出版した、相対性理論についての画期的な哲学書、『相対性理論と認識のア・プリオリ（*Relativitätstheorie und Erkenntnis a priori*）』においてである。[22] ライヘンバッハはこの書で、カントのア・プリオリに二つの意味を区別できると考えた。第一の意味は、必然的に真で、経験に依存せず永遠に改訂不可能ということであり、論理実証主義者たちがそろって受け入れを拒否する考え方である。第二の意味は、改訂不可能性の含意なしに、「対象の概念」、「経験の世界」を構成するということである。

この第二の意味は次のように理解される。近代以後の物理的世界に関する科学の用いる数学的表象は、アリストテレス的な自然学に比べれば、具体的な感覚経験に対してはるかに抽象化されている。もしこの抽象化された数学的表象が、数学的真理だけを指示するのであれば、その表象に内在する公理と定義によってそれは定められるだろう。しかし、実在にかかわる物理学的な真理は、公理と定義だけによって定められるわけではないので、物理学の用いる数学的表象は、何らかの仕方で具体的で感覚的な経験に「組み込まれて（zuordnen）」[23]いなければならない。フリードマンによれば、ニュートン物理学においては、運動の法則がこのような役割を果たしていた。運動の法則は、近代的な時間・空間・運動の概念がそのうちで適用されるような、参照枠の特権的なクラスを定義していたわけだ。そのような参照枠がなければ、万有引力によるいかなる運動もそれが何らかの物体に関連した運動であることができなくなってしまうが、もし運動法則が適用されるような参照枠（近似的には太陽系の質量の中心というような枠）が定められたなら、万有引力に関する普遍的な法則は、経験的に適用可能になるというわけである。

フリードマンによれば、ニュートンの運動法則のような一般的規則は、ニュートン物理学の根底にある抽象的な数学的表象と、それが適用されるべき具体的で経験的な現象とのあいだに対応を設定するような規則であって、ライヘンバッハはそれを、「組み込みの原理」あるいは「組み込みの公理」と名づけていた。「組み込みの原理」は、普遍的で抽象的な法則が経験的な適用を得るためには不可欠な条件であり、しかも適用された法則の経験的な部分によってはテストされることのないものであるから、「経験の構成的なア・プリオリ」と名づけられる資格があるだろう。「組み込みの原理」が非ユークリッド幾何学と相対性理論の登場以降も必要とされるなら、(理論の抽象化が進めば進むほど必要は高まるが)、この構成的ア・プリオリの役割が消滅することはないと考えられるわけである。フリードマンの用語を使うなら、それは、「相対化されたア・プリオリ (the relativized a priori)」とでも名づけられるべきものだ[24]。それは、経験的な発見に応じて変化するものであるから、「相対的」であり、経験的認識がそのもとでのみ生じるような「必要条件」だから、「ア・プリオリ」なのである。

一九二〇年代のハイデガーの存在論も、カントのア・プリオリの概念の二義性を背景にして完成されてきた。——少なくとも私はそう解釈している[25]。

ここでの二義性は、ライヘンバッハが考えている二義性とは、まったく同じというわけではない。カントが「ア・プリオリな総合判断はいかにして可能か」と問うているときのア・プリオリは、判断に帰属させられた規定であり、その判断の真偽、あるいは正当化が感覚的経験に依存しない旨の表明であった。しかしカントが例えば、「ア・プリオリな概念は、経験の可能性のア・プリオリな制約として認識されねばならない」と述べるとき、このア・プリオリは、判断の正当化の権利を語っているわけではない。カントは前者の「認識論的なア・プリオリ」と、「経験を可能にする」後者の「存在論的ア・プリオリ」の二義性を利用して、「ア・プリオリな総合判断はいかにして可能か」の問いに答えている。幾何学の判断がア・プリオリに真であることの理由は、幾何学が空間に関する学であり、しかも空間が

「感性の直観形式」として経験をア・プリオリに可能にするからである。幾何学は、そもそも経験を可能にするものにかかわるのだから、経験によってその認識論的価値が左右されることなどないというわけなのだ。ここでの存在論的ア・プリオリは、ライヘンバッハの考えるような、抽象的数学表象と感覚的経験との組み込みの原理に限定されるようなものではない。それはおそらく、科学的記述に先行している知覚的経験一般が可能になる条件をも指定するようなものであろう。

ハイデガーは、認識論的含意をそぎ落とした、このような存在論的ア・プリオリを、事物的な知覚世界だけではなく、さまざまな仕事を通して人々が参与している日常的な実践世界に関しても拡張して適用している。例えば、先ほど述べた道具的存在者を存在論的に可能にするもの、つまり、道具の規範的な全体性、没入的な志向性あるいは仕事への適切な参与、などといったものは、ある道具的存在者が出会われるための先行的な制約としての、存在論的ア・プリオリとみなされるべきものだ。そのような制約が「ア・プリオリ」と呼ばれるのは、そのような制約の原理が改訂不可能な仕方で真であるからではもちろんなく、また、制約されるものに対して時間的に先行するからでもない。ある道具がわれわれに対して現実に存在者として出現するさい、それが全体性や参与のような全体論的制約と独立に現れるなら、つまり全体論的制約より先であるなら、それが全体的連関のうちで持っている存在を失ってしまうのであって、ア・プリオリとはこのような全体論的制約の先行性を意味しているのである。ハイデガーはこのようなア・プリオリを、「ア・プリオリ的完了(26)」とか、「存在論的あるいは超越論的完了(27)」と呼ぶ(28)。

これもまた不思議な符合なのだが、カントのア・プリオリの二義性に依存した議論は、論理実証主義者たちにおいてもハイデガーにおいても、しだいに背景に退き、放棄されたとも見えるようになっていく。一九三〇年代初頭には、ライヘンバッハはカント的なア・プリオリを使用することを完全にやめ、知識のあらゆる前提はア・ポステリオリに発見されるという経験主義的な立場を強める。ハイデガーは一九三〇年代の終りには、カント的なア・プリオリの論理こそが、全体論的な制約としての存在者の存在を、人間の支配権のもとに服させた、存在忘却の論理であるという批判を開陳する。両者のこのような変化が、現代哲学にとってどのような意味を持つのか。フリードマンは、論理実証主義におけるカント的ア・プリオリを再考することによって、一切の経験を世界へと委ねるのではなく、ダイナミズムを持った人間理性を取り戻そうとしている。一九二〇年代のハイデガーにおけるカント主義、本書第1章で論じた「可能性の制約」の発想を真剣に受けとめることが、どのような展望を開くのか。ハイデガー研究者に課せられている仕事はそれほど小さなものではないように思える。

4　一九六〇年代の分析哲学との関係――ライル

先ほども少し触れたように、二十八歳のライルは、*Mind* 誌上で、ハイデガーの『存在と時間』の書評を書く。ライルの著作集には、この書評も含めて四本の現象学関係の評論が収められているが、大陸の現象学的伝統に対するライルの態度は、カルナップがハイデガーらのドイツの形而上学的伝統に対した態度と類似したところがある。彼は、分析哲学の特徴について論じた論文（1962）を、フランス語から英語にして出版するさい、その題名を"Phenomenology versus 'The Concept of Mind'"と改めたことからも分かるように、自著 *The Concept of Mind* における「心の存在」への自らのアプローチが否定するべき、誤った心の哲学として現象学を戯画化し位置づけているようである。フッサールは、概念一般を、感覚的な観察を越えでたプラトン的な本質として理解し、心の哲学である現象学も、心――フッサールの場合なら「意識」であろうが――の概念を、プラトン的な本質を直観する作用によって記述しようとする。さらに問題なのは、フッサールが現象学をあらゆる学問の基礎にある第一哲学だと考えようとしたことである。意識は、あらゆる言語表現と、知覚的な現れの意味の源泉だという考え方である。フッサールのこの二つの問題は、概念的探究のありかを心理学にではなく論理的理論に求め、心の概念のありかを、心についてのボキャブラリーの日常的な文におけるふるまい方に求めるライルの方法と厳しく対立するわけだ。

しかしライルは、一方的に現象学に対して厳格なわけではない。彼は、経験論的伝統の内部にある観念研究への批判としての現象学や、経験科学的探究と心の概念の探究を峻別しようとする現象学のあり方には、好意的である。そして『存在と時間』に対するライルの批評は、さらに込み入っていてデリケートな手つきで読まれるべきものである(本章ではその読みを全面的には展開する余裕はないけれども)。ライルは、ハイデガーが現象学的無前提性の理想をさらに進めて、デカルト的二元論、概念に関するプラトニズム、「意識と存在の分離」など、現象学にもひそむ前提を吟味していることを評価する。とりわけ、主観/客観の二元論が、自己と世界の関係を世界の一部分と一部分との関係に類比して考えるという、自然主義的な試みから由来する、純粋なフィクションであるとするハイデガーの批判は、このような吟味を徹底しているわけである。ライルが注目するのは、こうした自然主義を含んだ自然的な態度から発する――ハイデガーなら非本来的な頽落から発すると言うだろうが――カテゴリーが、ハイデガーの記述しようとする現象に適合したボキャブラリーを提供しているのかが、ハイデガーの解釈学において問われているという点である。ハイデガーは、プラトンやアリストテレスの伝統、そしてそれ以降の科学的伝統のなかで培われてきた、ボキャブラリーや概念よりもさらに根源的なボキャブラリーを、まったく新しく案出しなければならなかった。

デカルト主義におけるカテゴリー間違いを正して、心の存在を、それを語る適切な論理的装置から見直そうとするのちのライルの方法は、ハイデガーによるこのような自然主義的カテゴリー批判を引き継ぐものと言っても過言ではない。もちろんライルは、自分とハイデガーの違いを鋭く意識している。ハイデガーの考えるような、ボキャブラリーの根源性は、人間学的根源性にとどまっていて、論理的根源性ではない。伝統的なボキャブラリーで描かれる認識論的装置より、より根源的だとハイデガーが主張する「配慮的気遣い（Besorgen）」のような存在様式にも、論理的な知識の要素は含まれているはずであって、ハイデガーのカテゴリーではそうした要素の分析は不可能なのだと。

ライルからのハイデガーへの最大の苦情は、根源的ボキャブラリーを駆使して日常的な実践的参与の様式へと帰っていくハイデガーの分析がすでに、現実についてや、あるものがどんなものであるかという認識内容を含み込んだ知識を用いているという点にある。ライルの指しているのはおそらく、道具を用いた日常的な現存在の参与が、道具の配置された世界とある種のカップリングを形成しているという、環境主義的な認知観だろう。ハイデガーはそこから知識を派生させようとするが、実はそこにはすでに、知識のカテゴリー的な活動がある。ライルは述べる。

われわれの「事物」についての知識を、道具に対するわれわれの実践的態度から導き出す〔ハイデガーの〕試みは、破綻している。なぜなら、道具を用いることは、それが何であるのか、それによって何がなされうるのか、何がそうすることを求めているのかの知識を、含んでいるからである。(29)

ここに二十世紀哲学史の皮肉があるように思える。ライルが批判の標的にしているハイデガーは、まさにここで、何かが現に存在しているとか、何かがかくかくであるという命題内容を持った知識とはまったく位相を異にした知識に、光を当てつつあった。すでにその知をわれわれは、ドレイファスとともに、know-how と呼んでいたのであった。そしてハイデガーを批判して、どんな知識にも、そして実践的参与にすら命題内容が必要とされるかのように語っている、若きライルはのちに、命題内容を伴ったknow-that と、know-how の区別を論理的に明瞭にした、哲学的ヒーローになったわけである。

そのような区別に関してライルは、ハイデガーから学んだのだろうか。ライルの書評を読む限り判定はつかない。それより、ハイデガーが日常的な世界内存在に関して創出したボキャブラリー——例えば、企投、情状性、適所性……——が、ライルが論理的な分析によって明らかにしつつあった、心の諸概念

――know-how、傾向性――とのあいだに、無視できない相互理解の関係を含んでいるかもしれない、ということを考え直す課題の方が興味深い仕事だろう。前者は、後者を先行的に開発していたかもしれないし、それどころかさらなる洗練の可能性を含むかもしれない。後者は、前者の論理的な明瞭化や根本的な変容を実現しているのかもしれない。こうしたことを考えてもよいのだということは、少なくとも、ライルの次の言葉によって許されているように見えるのだ。

私の個人的な見解は、第一哲学としての現象学は現在のところ破綻と大惨事へと向かいつつあり、自己破滅的な主観主義か口先の神秘主義に終わるだろうということである。しかし私はハイデガーのために言っておかねばならないのだが、私がこのような意見を現象学についてあえて述べるについては、揺るがぬ自信があるのではなく一定の留保がつくということである。私は、自分がどれほど、このハイデガーの難解な著作の理解に達してはいないのかということを、よく承知しているからである。付け加えておかねばならないが、『存在と時間』の印刷はきわめてすばらしく、その各ページには、気前良く余白が残されている。(30)

注

（1）Thomas Nagel, *Other Minds: Critical Essays 1969-1994* (Oxford: Oxford University Press, 1995).

（2）Ibid., 9-10.

（3）ネーゲルの理性主義については、Thomas Nagel, *The Last Word* (Oxford: Oxford University Press, 1997) を参照のこと。

（4）例えば次のような若い研究者たちのハイデガー研究書を参照。William Blattner, *Heidegger's Temporal Idealism* (Cambridge: Cambridge University Press, 1999); William Blattner, *Heidegger's Being and Time* (New York and London: Continuum, 2006); Christina Lafont, *Heidegger, Language, and World-disclosure* (Cambridge: Cambridge University Press, 2000); Taylor Carman, *Heidegger's Analytic* (Cambridge: Cambridge University Press, 2003); Mark Wrathall, *How to Read Heidegger* (London: Granta Books, 2005).

（5）ドレイファスはもともとハーヴァードでクワインのもとで量子力学における因果性のテーマで卒業論文を書いた。

（6）表象的志向性の両義性については門脇俊介『理由の空間の現象学――表象的志向性批判』（創文社、二〇〇二年）序論、および本書第4章を参照。

（7）ローティについては、本書第1章、第2章で、そのハイデガー論について述べた。

（8）ドレイファスの弟子。二〇一〇年までシカゴ大学で教えていた。ピッツバーグ大学でJ・マクダウェルとR・ブランダムと同僚であり、哲学的な影響関係にあった。

（9）John Haugeland, "Dasein's Disclosedness," in *Heidegger: A Critical Reader*, edited by Hubert L. Dreyfus and Harrison Hall (Oxford UK & Cambridge USA: Blackwell, 1992), 27-44.

(10) 本書第9章で、デイヴィドソンとハイデガーの行為論の相違について論じている。

(11) 本書第3章でその概観を与えている。新しいハイデガーAIの研究としては、以下を参照。Michael Wheeler, *Reconstructing the Cognitive World* (Cambridge MA: The MIT Press, 2005).

(12) フリードマンは二〇一〇年現在はスタンフォード大学で教鞭をとっている。

(13) Michael Friedman, *Reconsidering Logical Positivism* (Cambridge: Cambridge University Press, 1999) を参照。

(14) Michael Friedman, *A Parting of the Ways: Carnap, Cassirer, and Heidegger* (Chicago and La Salle: Open Court, 2000).

(15) この点に、Hans Sluga は批判を加えている。Hans Sluga, "Review of *A Parting of the Ways: Carnap, Carssirer, and Heidegger* by Michael Friedman," *The Journal of Philosophy* 98 (2001) : 601-611.

(16) 現在はハイデガー『カント書』(KM) の付録として読める。

(17) Rudolf Carnap, "Überwindung der Metaphysik durch logische Analyse der Sprache," *Erkenntnis* 2, no. 1 (1931) : 219-241.

(18) Friedman, *A Parting of the Ways*, 13.

(19) HGA Bd. 40, *Einführung in die Metaphysik*, 227-228. 以下の論考は、この点に関する的確な紹介である。渡邊二郎「『存在と時間 (有と時)』から後期ハイデッガー哲学へ――ハイデッガー全集第40巻『形而上学入門』(岩田靖夫訳) を読んで」『創文』No. 424 (二〇〇〇年)、一九―二二頁。

(20) HGA Bd. 40, *Einführung in die Metaphysik*, 228-229.

(21) Michael Friedman, *Dynamics of Reason* (Stanford: CSLI Publications, 2001).

(22) Hans Reichenbach, *Relativitätstheorie und Erkenntnis a priori* (Berlin: Springer, 1920).

(23) Ibid., IV.

(24) Friedman, *Dynamics of Reason*, 71-82.

(25) 門脇俊介『理由の空間の現象学――表象的志向性批判』(創文社、二〇〇二年)5章/2を参照のこと。

(26) SZ, 85.

(27) HGA Bd. 2, *Sein und Zeit*, 114.

(28) この点については、門脇俊介『理由の空間の現象学』一五四―一五五頁で論じた。

(29) Gilbert Ryle, "Heidegger's 'sein und Zeit'," vol. 1 of *Collected Papers* (Bristol: Thoemmes, 1971), 212.

(30) Ibid., 214.

第11章　アメリカのハイデガー

1　ハイデガー vs. アメリカ

二十世紀後半のアメリカ社会ほど、ハイデガーの哲学に不似合いな場所はない。いや、不似合いと言うより、ハイデガーが数多くの著作のなかで同時代の動向を見通しつつ予告し弾劾していた事態が、現代のアメリカ社会で実現してきているのだとすれば、この社会の芯にある思想こそ、ハイデガー哲学による解体と超克の標的である当のものであるように見えてくる。例えば、『存在と時間』（一九二七）が日常的世界の主人公であるとして分析してみせた体制順応的な「世人」、つまり公共的な日常世界のうちで自己の存在を忘却する存在様式は、アメリカ的個人主義と対立するどころか、むしろその深層の病理を的確に暴いているというべきかもしれない。個として完全に解放されていて自由な選択を任されたそれぞれの人が、独自な個であることという考え方そのものに憑かれて、いかに社会の標準や序列の内部で自己と他人との差異を気遣い労苦しているか、また、個としての独立した発言がいかに社会の（つまりはテレビや有力者の）ステレオタイプの力強い反復にすぎないかに気づくなら、アメリカ社会の「個」の概念は、「世人」概念の最も純化された形態なのではないかとさえ思えてくる。アメリカ社会こそ、南ドイツの小さな大学町でハイデガーが哲学的想像力のみを頼りに描き出した、西洋哲学の歴史の最終段階、「存在への問い」の忘却の終端なのではないか。——もちろんハイデガーのこの種の診断が、アメリカ社会の本質と全体に見事に的中しているのか、あるいは、このような本質的で全体的な診断なるものにこそ批判的な吟味が要求されているのではないか、という問いはここでは未決のままである。

それだけではない。世界内存在する人間の存在を隠蔽してしまう最も危険で執拗な存在論的概念として、『存在と時間』が告発していた「事物的存在性（Vorhandenheit）」の理念のことを考えてみよう。この理念は単に、人間を物質的世界の一員にすぎないとしてしまうような、いわゆる「唯物論」の考えを表明しているわけではない。ハイデガーの批判の眼目は、自然であれ、社会であれ、人間の心であれ、この理念に沿っていくと、あらゆる存在が実体、属性、関係、機能などの基本的要素の集合として理解可能となり、このような理解に基づいて設計や制御が可能となってしまうという点にある。だから、数学的物理学を理想として社会や人間を科学的に把握できるという発想も、社会や人間を自然と切り離しながらもそれらを独自な合理的な機能・規則から把握可能なものとして自然に対置する——ＡＩ主義のような——発想も、ともにハイデガーの批判の的となるはずのものである。前者の自然主義的発想にしろ、後者のような合理主義的発想にしろ、アメリカの学問社会が、飛躍的に発展させてきたものなのだ。

より狭く、職業的な哲学者たちの論争状況から見ても、ハイデガーの哲学はアメリカとは折り合いが悪い。第二次世界大戦後のアメリカの哲学は、一九三〇年代にドイツ語圏から亡命してきたカルナップらの論理実証主義者たちの、反形而上学主義・科学主義をアカデミズムの基本方針の一つとして受け入れて、広い意味での「分析哲学」の伝統を大がかりに発展させてきた。論理実証主義それ自体への批判が、一九六〇年代にすでにこの伝統のなかで常識となっていたとしても、論理実証主義を動かした基本課題とその哲学する「精神」とが、アメリカ的な分析哲学の背景であり続けていることには、今でも大きな変化はないように思う。その論理実証主義者たちが、自らの哲学を定義し鼓舞するときに、悪しき形而上学者の筆頭として批難してきたのは、ハイデガーその人であった。十九世紀の後半から二十世紀の初頭にかけてのドイツ語圏の哲学にあって、新カント派の学問的圧力下にありながら、分析哲学の祖であるフレーゲと現象学の創始者フッサールとは、言語的意味、論理学、志向性などの話題を共有しながらもそれぞれまったく新しい哲学の運動を準備しつつあった。両者の学派としての相違（と反発）は、現象学が生の哲学や解釈学と結びつきハイデガーの『存在と時間』に結実し、他方で哲学運動としての論理実証主義がウィーンを中心として活発になるにつれて決定的になってくる。一九三〇年代の初頭にカルナップは、ハイデガーの存在論がいかに無意味な文と言葉の羅列にすぎないかを論証する論文を書き、ハイデガーは論理実証主義など存在しないかのようなそぶりで、西洋哲学の古典的なテクストの読解に精励していた。この対立は、ナチズムが台頭し論理実証主義者の多くが亡命を余儀なくされた時点で――一九三三年にハイデガーはヒトラーを公然と支持する――、不幸な収束へと向かうのだが、論理実証主義者の側からの強い反発は、哲学的にも、政治的にも、当然アメリカ哲学のなかに持ち越されるわけである。

現在でもアメリカの有力大学の哲学科では、ハイデガーやフッサールを含む現象学的哲学を教えるスタッフはきわめて少数にすぎない（そうしたスタッフのいない大学すらある）。不思議なことにデカルトやヒュームやカントは分析哲学の大事な祖先だとみなされているのに、ハイデガーやフッサールは、デリダと並んで「大陸哲学（continental philosophy）」の一派として別扱いにされているのである。

2　ドレイファスのハイデガー解釈

しかし、英語圏でハイデガーの哲学がまったく無視されてきたわけではない。どんな文化や社会にも、主流派とは袂を分かつグループがいるのだし、アメリカの哲学界もまた多くの少数派を抱え込んでいる。本章で話題の中心となる『世界内存在』[1]の著者ヒューバート・L・ドレイファスも、一九六〇年代からフッサール、メルロ＝ポンティ、ハイデガーといった、分析哲学者たちにとっては縁遠い「大陸哲学」の著作家たちを精力的に論じてきた、アメリカ哲学界の少数派の一人である。長い間の反発（より正確には黙殺）のときをへて、アメリカの哲学界でハイデガー哲学の意味が認知されてきたのは、すでに述べたようにプラグマティズムの側からのローティのハイデガーへの接近と、ドレイファスの著作・教育活動に多くを負っている。ただしドレイファスは、アメリカでハイデガーや現象学を研究する人々のなかでもさらに、少数派に属するかもしれない。多数派の現象学者は――日本の多くの現象学者たちと同じく――、フッサールやハイデガーのテクストの忠実な紹介者であって、彼らにとって分析哲学者が突きつけてくる問題は、シリアスに受けとめ議論すべきものであるよりは、あまりにトリヴィアルで技術的なものだとして黙殺すべきものにすぎない。

分析哲学や、分析哲学と発想法を共有する人間科学に対するドレイファスのスタンスは、この点で彼の現象学の同僚たちとは大いに異なっている。彼にとっては、広い意味での分析哲学の発想法は、プラトン以来の西洋哲学がはぐくんできた理論中心主義、そしてその近代哲学版である表象主義の完成形態であって、このような発想法を批判しそれに対する代替案を示すことは、ハイデガーやメルロ゠ポンティの仕事を現代において具体的に引き受け仕上げることにほかならない。すでに日本語訳されている『コンピュータには何ができないか』[2]や『純粋人工知能批判』[3]などの著作での、ドレイファスの仕事は、人間の知的能力をすべて人工知能（AI）によって再現できるとするコンピュータ科学者の主張を徹底的に批判するものだった。ドレイファスの批判は、この「強いAI主義」の主張を、プラトン以来の理論中心主義や近代哲学的な表象主義の現れとみなし、その根本的な欠陥を、ハイデガー的な世界内存在やメルロ゠ポンティ的な身体的実存の現象学的事実によりながら告発する。『世界内存在』においてもドレイファスは、バークリー校の同僚であるサールやデイヴィドソンの行為論を、信念や欲求（命題的態度）の対象である命題的内容を心の内部に容認せざるをえない、現代版表象主義だと判定し、日常的習慣的行為においてはそのような命題的内容を心の内部に想定する必要はないとみなす現象学的行為論を、ハイデガーのテクストのうちに読み取ろうとする。

ここからも予想されるように、また「序文」でドレイファス自身が宣言している通り、ハイデガーの『存在と時間』のコメンタリーとして書かれた『世界内存在』は、西洋哲学の理論中心主義や表象主義を現象学的・存在論的に批判したと解せる、『存在と時間』第一部第一篇のみを解釈の対象としている。このような方針には当然、強い反発が予想されるだろう。第二篇で扱われる、死、本来性、時間性、歴史性、などの概念を詳細に検討することなしに、第一篇を満足に解釈することができるのか、また、ドレイファスがジェーン・ルビンと共同で執筆した『世界内存在』の付録[4]での議論のように、キルケゴールの「実存の諸段階」の発想との対比だけで、本来性の理解にうまく達することができるのか。ハイデガーの言葉のすべてを統一性を確保しながら読まねばならないと考える、オーソドックスなハイデガー学者ならずとも、ドレイファスの基本方針に即座に賛意を示すことは容易ではない。『世界内存在』の「日本語版への序文[5]」からも分かる通り、ドレイファス自身も、この数年来、本来性をアリストテレスのフロネーシス概念を用いて再検討する仕事を続けてきており、この点に関しては、ドレイファスの基本方針をめぐる論争状況はまだ未決着の不安定さを残している[6]。

にもかかわらず、ドレイファスのコメンタリー『世界内存在』は、他の数多くの研究書や注釈書よりもはるかにハイデガー的現象学の輪郭をくっきりと示し、ハイデガー的現象学に強くコミットしているように、私には思われる。ハイデガー哲学のように、伝統的な術語を破壊し、日常言語の罠から逃れつつ、斬新なボキャブラリーで歴史と日常世界を描き直そうとする思考にとって、その思考を明瞭な言葉で再解釈してみせようとすることは、それだけで伝統や日常性への後退の危険を冒すことである。だからハイデガーの練達の読み手たちは、ハイデガーの言葉をハイデガーの指定した——と彼らが考える——哲学的文法の範囲内で解読するという禁欲的な態度を守ってきた。だがこのことは、その見かけとは反対に、ハイデガーの思考に哲学的にコミットすることとは異なるものであるように思われる。宗教上のテクストに関してなら、そのテクストを読む正統的な集団の内部での読みのコードに従ったり、あるいはテクストをただ誦することですら、非宗教者の鋭い宗教的思考よりも、深い信仰を示すことができる。しかし哲学的思考においては、各人が自らの明瞭な言葉で、自ら一人の責任においてその思考をわがものとし他者に示すこと以外に、哲学的である方法はない。ハイデガーの哲学的文法を破壊しかねないドレイファスの読みは、ハイデガーの思考を自らの責任で引き受け直すことによって、逆にハイデガーの思考と歩みをともにすると自認することができるのである。

しかし——このような問い方をもわれわれはハイデガーから学んだのだが——、「自己責任」のもとで思考することは、自己責任的であるどころか、当の自己責任的言説の前提となっているもののひそかな繰り返しにすぎないのではないだろうか。ドレイファスの場合なら、彼の自己責任的ハイデガー解釈は、アメリカの哲学サークル内部での論争や常識のもとでのみ意味を持つ、「アメリカのハイデガー」にすぎないのではないのか。この点を否定するつもりはない。ただここからさしあたり帰結するのは、どんな自己責任的な解釈も一定の伝統のもとでなされるのだから、自己責任的な解釈などという概念は空虚だということではなく、自己責任という概念が本質的に一定の文脈の拘束のもとにしか現れてこない、ということだけである。この帰結は、ドレイファスのハイデガー論を評価しようとするさいには、むしろその不可避の出発点としてはたらく。以下では、『世界内存在』に内在している、自己責任的解釈の文脈依存性のあり方を、ドレイファスの三つの論点について略述しておこう。つまり、ドレイファスのハイデガー解釈が、明瞭な自己責任的言説であろうとして、逆にどのような哲学的伝統を引き受けそれを再評価しているのかという問題を、明らかにしておきたいのである。

3　技能の現象学——表象的志向性批判

最初に述べた現象学と分析哲学の対立の従来の図式に従えば、ハイデガーの解釈学的現象学は、「意識の領野」が自然主義的に還元不可能であるばかりではなくあらゆる理解可能性の源泉だとするフッサールの現象学を、さらに道具使用のような行為や感情までも考慮に入れて、拡張し深化させたものだということになる。ハイデガーをギリシア哲学との関連でのみ理解しようとする立場をのぞけば、カントやフッサールの超越論的哲学の創造的な発展としてのハイデガーという描像は、現象学者にも分析哲学者にも共通した前提になっている。少なくとも、現存在としての人間の存在了解に焦点が当てられている『存在と時間』に関する限りは、フッサールとハイデガーの親近性は、フレーゲとウィトゲンシュタインの親近性に比すべきものであって、意識の志向性と存在の了解についての二十世紀の議論の方向を定めた現象学的思考は、言葉の論理的意味論の起動者である分析哲学の父祖たちの思考とは、決定的に対立するのだというわけである。

ドレイファスにとっては、このような対立図式はきわめて疑わしい。ハイデガーがフッサール的な意識の志向性を批判して、そうした志向性を可能にする世界内存在の「超越」にこそ現象学は向かわなければならないと主張したとき、フッサール的志向性概念の単なる拡張の提案がなされたのではなく、むしろ架橋しようのない断絶がそこに穿たれたと見るべきであると。つまり、意識に内在する、意味を負荷された知覚的表象や、あるいは構文論的に構造化された命題的内容を通して、意識がその外部へと超越するというフッサール的な「表象的志向性」は、ハイデガーが道具使用の例に即して明らかにした、事物への自然な「対処」としてのふるまいとは根本的に区別されるものなのだ。われわれの日常生活の大半を占めている、習慣的な行為やスムーズな道具使用のようなふるまいは、意識された知覚的表象や心的な命題内容を伴わずに生ずる「没入的な志向性」であって、このような心的表象を伴わない以上、そこには初めから、個別的意識の内部から外的世界への超越をどう説明するのかという懐疑主義の問題も生じようがない。

『存在と時間』の第一篇でのハイデガーの仕事の一つの中心点は、この新たな志向性概念によって、デカルトからフッサールに至って完成され、さらにはサールのような分析哲学者にまで浸透している、表象主義を批判し、その批判に見合った存在論を構築することにある。そしてフッサールらの現代版表象主義が、文の形で表明可能な命題的内容に関する信念志向性に依拠しているとするなら、命題的な「事についての知（know-that）」を扱う表象主義に対して、ハイデガーは、没入的志向性の持つ技能的な「いかになすかの知（know-how）」を扱う「技能の現象学」を展開していると言えるのである。この点でハイデガーは、フッサール現象学の正統的な後継者であるよりは、デューイのプラグマティズムやライルの行動主義の同調者である。

このような立場からすれば、世界の概念は、表象可能な事物や事態の総体という伝統的発想と等置されるべきではなく、表象不可能でありながら、現存在が没入的志向性を通じて道具や他者に対してふるまうことを可能にする、全体論的な「背景（background）」という点から見直されるべきである。このような背景は一定の社会において、人々相互のあいだでの振る舞いの一致として密かに織り合わされ、個々の志向的ふるまいを可能にしているものであって、このような親密で背景的な「慣習的振る舞い（practices）」こそが「世界を開示すること」そのものであり、ハイデガーの「存在了解」の別名にほかならないのだとドレイファスは主張する。あらゆることがらの理解可能性を、ふるまいの一致、あるいは生活形式の一致に求めてそれ以上の哲学的基礎づけを拒む、後期ウィトゲンシュタインの発想が、明らかにここでは念頭に置かれている。

そうだとすれば、ドレイファスは現象学 対 分析哲学という図式化を放棄して、表象主義の伝統に忠実なフッサールから――おそらくはあのカルナップらの論理実証主義を含めて――サールにまで至る系譜を、ハイデガー、デューイ、ライル、後期ウィトゲンシュタインらの反表象主義と対立させていることになる。

4 事物的存在性の問題——自然科学的世界像

ハイデガーによる志向性概念の再検討は、表象的志向性と没入的志向性のどちらが日常性を基本的に形作っていて、どちらがより根源的な志向性なのかといった、人間の生活様式一般にかかわる問いを提起しているだけではない。それはさらに、どちらの志向性に含まれる存在了解が、人間と世界の「存在」の基本モデルを与えるのか、という問題にも決定的な方向性を示している。

道具を技能的に用いるというハイデガーにおける没入的志向性の例は、ドレイファスが注意を促しているように、志向性はまず実践的であるべきだとか、目的論的であるべきだという点を単に示すために導入されているのではない。感覚質（クオリア）や命題的態度などの表象的志向性を構成している概念だけでも、十分、従来の意味での実践的で目的論的な人間のふるまいを説明できる。だが没入的志向性を生きる現存在は、感覚質のような意識の性質を体験しているわけでもなければ、命題的態度を形成している必要もないのである。にもかかわらずそこには、道具使用のための技能と、そのような道具使用を導き・方向づけている（例えば良い大工として生きるというような）「目的であるもの・主旨」とが見いだされる。この「目的であるもの・主旨」による現存在のふるまいの方向づけは、意識的になされた目的論的選択でもなければ、もちろん本能あるいは機械的メカニズムによる制御とも違う。従来の心についての存在論の基本カテゴリーである、感覚質や命題的態度などの道具立てを用いないで現存在のふるまいを記述するためのカテゴリーを創出することは、『存在と時間』のハイデガーの最も重要な仕事の一つであって、「実存」、「企投」、「目的であるもの・主旨」などの一連の特異な存在論的カテゴリーはその成果の一部である。

現存在を従来の心についての存在論的カテゴリーで記述できないのと同じく、没入的志向性に対して現れてくる道具的存在者に関しても、従来の存在論はカテゴリーを欠いている。道具は、道具をそれとして意識しない現存在の没入的対処においてのみそれ自体として現れるが、その現れが可能であるのは、道具の用途や現存在の「目的であるもの・主旨」の全体論的な連関のうちにおいてのみである。実体、関数、機能といった道具立てでは、「目的であるもの・主旨」が世界についての背景的了解とともに形成する社会的コンテクストの内部で目立たず透明な位置を持つという、道具の「道具的存在性(Zuhandenheit)」の特異な様式をつかまえることができない。現存在の「目的であるもの・主旨」を中心にして形成されたコンテクスト(振る舞いの全体論的背景)と、そのうちに適切な位置を占めることという発想を軸として、人間、道具、そして世界の存在を理解しようとするところに、『存在と時間』の存在論の斬新さはある。

「事物的存在性」とは、このような全体論的、コンテクスト的性格を考慮に入れることのなかった、従来の存在論的カテゴリーの総称である。だから事物的存在性のなかには、実体・属性のような古典的カテゴリーも、これを乗り越えると絶えず称されてきた関係性や機能のようなカテゴリーもともに含まれるだけではない。「事物的存在者」として記述されるものは、近代自然科学の提示している物質的自然のみならず、その自然を対象として観察・記述する（感覚質と命題的態度をそのうちにそなえた）心的主体、さらにはそのさい何かを客観的に記述する媒体である命題それ自体をも包括する。ハイデガー（とドレイファス）はここで、プラトンから現代の分析哲学にまで至る西洋哲学の全体と対峙していることになる。このような対決に勝算はあるだろうか。近代自然科学は、哲学的存在論の未決着の喧噪をよそに着々と成果を挙げているのだし、自然主義を奉ずる現代の心の哲学は、感覚質や命題的態度の身分をめぐって人間性そのものを定義しようと試みている。また、命題から構成される論理的推論や実践的推論のあり方こそが、人間理性の規範的あり方の基盤であるというのは、現代哲学の標準的な見解の一つである。

このようなドレイファスの挑戦の戦略には、ハイデガーのテクストのうちに内在していた議論を正確に引き継ぐ場合と、ハイデガーのテクストの強引とも見える独自の解釈によって、事物的存在性に一定の制限を認めながらその正統的な地位を確保しようとする場合とがある。

事物的存在性に対して道具的存在性が優位を持つことを論ずる二つの議論――「欠損性アーギュメント」と「基礎づけアーギュメント」と呼んでおこう――は、ハイデガーに忠実である。「欠損性アーギュメント」はこうである。われわれのたいていの日常的なふるまいは、道具に対処する技能的な没入的志向性を通してなされているのだが、そのような透明な対処が何らかの障害によって欠損した状態に陥ったときに初めて、事物的存在性が出現してくる。自然を科学的対象として見つめ、命題を通してそれを記述するような認識論的主観は、日常的な世界内存在の欠損状態であり、これまでの存在論はこの欠損状態をモデルとする倒錯的なあり方だったのだ。それにしても、この倒錯が真実を明らかにしていないという保証はない。「基礎づけアーギュメント」は、この点をブロックする。認識論的主観が事物的に存在する自然を命題を通して認識することがあるとしても、この認識のふるまいは、社会的に組織された全体論的背景をつねに要求する。それはちょうどクーンの描く科学者たちが、つねに一定の「専門学問母型」のうちを動いていて、この専門学問母型なるものがルールや明示的表象としてではなく、道具的な親密さにおいて科学者の活動の基礎となっているのと類似のことなのである。

だが他方でドレイファスは、道具の故障状況を論じた『存在と時間』第十六節を解釈して、事物的存在性の成立が必然的に要請される状況がそこに描かれているとする。それは、道具が故障したときに状況を客観的に把握すべく「熟慮」の状況が生じ、心的内容によって表象された外界に向かってゆく主観が成立する場面から始まる。そのさい道具的存在者のコンテクストの解体が進行し、さらに故障状況が進んで、科学におけるような理論的な認識作用に至って、事物の性質や関係が道具的コンテクストから引き離され、事物的存在性のレベルで事物を把握する理論的コンテクストの新たな織り直しが起こる。事物的存在性は、世界内存在することのうちに正当な場所を持っているわけであり、現代の自然科学や分析哲学の多くの議論も、限定された意味でならハイデガー的存在論のなかで許容されていることになる。もちろんこのような故障状況でも、「目的であるもの・主旨」に方向づけられた科学者たちの実践的コンテクストが前提にされているか、「専門学問母型」のようなものが前提にされているから、道具的存在性の優位を示す「基礎づけアーギュメント」はまだ有効である。しかしながら、事物的存在性に関するこのような議論は、第十六節からはそのままの形では読み取ることができないものであって、ここでのドレイファスの解釈は彼の『世界内存在』のなかでも、きまじめなハイデガー学者を最も悩ませ苛立たせる箇所の一つであろう（ほかにもそのような箇所がないわけではない）。

ドレイファスにとっては、葬られるべき事物的存在性の理念とは、科学や熟慮的な反省的ふるまいそれ自体のうちにあるのではなく、その理念をそれとして純粋に取り出してそれに基づいた哲学的思弁を構築するような「理論的観照」のうちにこそある。科学と理論的観照とを峻別して、制限つきながらも近代自然科学の営みと成果を擁護しようとする姿勢は、『世界内存在』の際だった特徴であろう。ここにも、ドレイファスの解釈を拘束している文脈を見ることができるだろう。自然主義的な還元の罠に陥らず、その反対的対立者であるプラトニズム的反自然主義にも与しないで、人間的行為の特異性を保存すること、そしてなおかつ近代自然科学の意味を正当に評価すること。現代哲学の内部で与えられたこの重要な課題に、ドレイファスはハイデガーを用いてかなり巧妙に答えを出している。ハイデガーの科学論には、「解釈学的実在論」が含意されているとする解釈も、その延長線上にあると言ってよい。「解釈学的実在論」とは、自然的存在者の理解可能性としてのその「存在」が現存在の背景的振る舞いに依存することを主張する一方で、科学が自然的存在者を、現存在から独立した実在物として指示することは可能だとする立場なのである。

ただし、科学的認識と純粋な理論的観照を区別することで、事物的存在性をめぐる問題が一掃されるわけではないだろう。存在論の装置としての事物的存在性は、科学や技術の実践のうちで成長しその内部から、われわれの日常的なコンテクストと哲学的思考の両方に影響を及ぼすのであり——ＡＩ主義を見よ——、許容されるべき科学を悪しき科学思想から峻別することは容易ではないからである。

5 「存在論」を「心理学」から分離すること

ハイデガーの存在了解を、世界を開示する背景的な振る舞いと解するのなら、この了解の源泉を、フッサール的な超越論的自我のうちや、あるいはカント的統覚のうちに求めることはできないだろう。これらの主体概念は、道具の用途や現存在の「目的であるもの・主旨」などによって形成される、一定の全体論的なコンテクストの理解という現象に対応できそうにない。全体論的なコンテクストの理解を、自我の直接的明証性という理解可能性にまで遡って基礎づけることは不可能に見えるし、誰にも普遍的に分与されている超越論的統覚を引き合いに出したとしても、この統覚がどのような規則とその適用をもってコンテクストへの参与を可能にしているのか、というさらなる困難が残ってしまう。

例えば、一つのハンマーの使用を可能にする道具の全体的連関と、この連関を組織化する「大工であること」という役割（「目的であるもの・主旨」）は、道具の使い方や役割のあり方に関する、一定の共同体の規範の網目を通して現れてくる。「大工であること」は、どんな文化にも可能な生き方だというわけではないし、また、「大工であること」という生き方が認められている社会のうちで、大工にはしかるべき標準的な行動様式が背負わされている。共同体を形成する人々のあいだでの、ふるまいの一致こそ、このような規範の網目を作って全体論的なコンテクストの理解を生成させているものであり、ハイデガーはこのような主体のあり方に「世人（das Man）」という名を与えた。世人とは、ふるまいの一致を通じて人々のあいだに共有されている、規範的で平均的な理解可能性の様式であって、この理解可能性に基づいて、日常的な世界は世界として現出してくる。だからハイデガーも、世人こそ日常性の「最も実在的な主体」だとするのである。

ドレイファスの解釈は、世人の概念をこのように、日常的世界の存在了解の基本源泉だと認定し、世人の持つ肯定的機能を重視する方向へ向かう。ドレイファスによれば、世人を論じた『存在と時間』の第四章には、世人の肯定的機能を解明したすぐれた存在論的洞察と、大衆迎合への傾向を持つ日常的世人自己の否定的機能の解明という、二つの仕事が整理されないまま混在しているという。後者の否定的機能の解明のせいもあって、ハイデガーはかなり長い間いわゆる実存主義哲学者だとみなされてきたわけだが、ドレイファスは、この後者の側面をいわば本来的な生き方の「心理学」的問題を扱ったものとして、世人に関する「存在論」的洞察から峻別しようとする。このアプローチは、自己を（誤って）世界内の存在者の方から理解しようとする、現存在の「頽落」の傾向性を論ずる章でも採用されている。

人間が、自らの存在の無根拠性からの不安のゆえに、一般性や公共性のうちに世人自己として、いかにして頽落しているのかを——非本来的日常性から、決意した本来性へ向かう運動を予料しつつ——説明するハイデガーの実存思想は、人間の生き方をめぐる「心理学」の物語として、純粋な存在論の物語から追放されることになる（『存在と時間』の第一篇のみを重視する『世界内存在』の方向性も、半ばはこうした事情に由来するであろう）。『存在と時間』の全体を存在論として読むべしというハイデガーの指示からすれば、これは大きな逸脱である。しかし、ドレイファスのこの明確な解釈方針によって、ハイデガーを後期ウィトゲンシュタインやライルらの同伴者として読めること、そして現代哲学の未だ汲み尽くされていない発想の源泉としてハイデガーが名指されたことの恩恵は大きい。それでも、ハイデガーが初期の講義から『存在と時間』に至るまで一貫して、ドレイファスの区別する存在論的問題と心理学的問題とを一体のものとして論じていたのはなぜなのか、そしてそれは単なる問題の未整理のゆえなのか、この点にまだ決着がついたわけではなく、きまじめなハイデガー学者が、明快なドレイファスの解釈方針を覆すようなどんな対論を提示できるか、という楽しみもまだ残されている。

注

（1）Hubert L. Dreyfus, *Being-in-the-World: A Commentary on Heidegger's Being and Time, Division I*, (Cambridge, Massachusetts: The MIT Press, 1991)［（門脇俊介監訳）『世界内存在――『存在と時間』における日常性の解釈学』（産業図書、二〇〇〇年）］

（2）Hubert L. Dreyfus, *What Computers Can't Do: The Limits of Artificial Intelligence*, Harper & Row, 1972.［（黒崎政男・村若修訳）『コンピュータには何ができないか――哲学的人工知能批判』（原著第二版に基づく、

産業図書、一九九二年)〕

(3) Hubert L. Dreyfus and Stuart E. Dreyfus, *Mind Over Machine: The Power of Human Intuitive Expertise in the Era of the Computer* (New york : The Free Press, 1986). 〔(椋田直子訳)『純粋人工知能批判――コンピュータは思考を獲得できるか』(アスキー、一九八七年)〕

(4) 前出『世界内存在』では未邦訳。

(5) 前出『世界内存在』「日本語版への序文」一九―二四頁。

(6) 本書第8章を参照。

あとがき

本書は、私がハイデガーについてこの二十年間にわたって書き継いできた論考を素材として、ハイデガーの存在論を「第一哲学」の目論みとみなすことを拒否し、破壊を中核とするハイデガーの存在論の多様な位置価に注目するようハイデガーの読者に促すことを意図して書かれた。さらに重要なのは、そうした存在論の破壊によって創出された新しいボキャブラリーが、従来の哲学的概念と問題設定に挑戦し、人間科学と哲学的常識を書き換えるよう迫っていること、つまりハイデガー的な人間科学と哲学への革新の提案を、ハイデガーのテクストのなかに聴き取ることであって、本書の大半の論述は、ハイデガーのこうした提案を発掘し明瞭化する作業に向けられている。

古い記憶を辿れば、このような作業を私が始めたのは、真面目なハイデガー研究者や現象学者たちのサークルのなかでは、哲学的な諸問題についての闊達な議論や論争が起っていないというある種の閉塞感を覚えたからであった。というわけで私は、英語圏の分析哲学や英語によるハイデガー研究と対話することに多くの労力を費やして、ハイデガーの思考をより公開的なものにすることを自身の使命だと任じ、学会ではおそらく本格的なハイデガー研究者というよりは「異端」のハイデガー学者と目されているのであろう。

本書でもう一つ大事な作業仮説は、ハイデガーの哲学を、フッサールの現象学の後継的な哲学ととらえて、両者を一体の哲学的動向とみなすことができるという学派的信念は、それほど自明のものではないかもしれないというものである。二十代から長年、フッサールとハイデガーのテクストの精読にいそしんでいた私が、こうした仮説を採用することになったのはもっぱらドレイファス教授と、ローティ教授のハイデガー論に接してからであった。両教授に本書を捧げるゆえんである。

本書は、私がまだ駆け出しの研究者であった時代の論考をも収録し、その元となる電子情報が欠けていたため、OCR（光学文字読み取り機）による読み取りを必要とした。読み取られた不完全な情報を印刷された論文と読み合わせてより完全な原稿に仕上げて下さったのは、東京大学大学院総合文化研究科学生、吉田恵吾氏である。吉田氏には、文献表の作成、校閲という仕事も引き受けてもらった。記して感謝する。本書は私の単著であるけれども、吉田氏を共同制作者と呼ぶことにためらいを覚えない。

本書のような異端のハイデガー研究書を出版する決意をしていただいた東京大学出版会に敬意を表するとともに、本書の企画を取り上げ実際の編集実務を取り仕切って下さった小暮明氏にもお礼申し上げる。また、すでに前著（『存在と時間』の哲学Ｉ』）の「あとがき」にも書いたことだが、私は二〇〇六年の夏に脳腫瘍を発症し、以来本書が出版されるこの日まで生きながらえることができた。その間私の健康を支えて下さった医師のみなさんと看護師のみなさんに、そして妻由紀子に感謝の言葉を表明することも、大切な義務であると思う。

二〇〇九年四月二一日

門脇俊介

追　記

本書は、門脇俊介先生が、療養中の二〇〇九年六月に取り揃えられた論稿を収めている。その後、同年八月末に肺炎にて入院され、ご病状の悪化により、校正作業に入ることなく、先生は二〇一〇年二月二七日に永眠された。

本書刊行にむけては、著作権継承者の門脇由紀子様のご了承を得て、東京大学大学院総合文化研究科の村田純一先生、高橋哲哉先生、門脇先生から指導を受けていた吉田恵吾氏の三人と東京大学出版会編集部によって作業が進められた。門脇先生のご意思を最大限尊重しつつ、刊行物としての完成度を高めることが方針とされた。

原稿整理および校正にあたっては、当初の内容構成を維持しながら、章・節の題名の一部を村田先生、高橋先生、編集部で改めた。各章において内容上の不整合がみられた箇所は、初出論文に従うとともに、文意をより明確にするために、三人と編集部で検討したうえで若干の修正を施した。注、文献については、吉田氏と編集部で加筆修正を行なった。索引は吉田氏と編集部が作成した。

なお、本書の欧文書名は、村田先生、高橋先生が決めた。「まえがき」に関して、各章の内容説明を中心に村田先生が加筆した。「あとがき」は、門脇先生のパソコンに残されていた文書を所収した。

［東京大学出版会 編集部］

破壊と構築
ハイデガー哲学の二つの位相

2010 年 11 月 29 日　初　版

［検印廃止］

著　者　門《かど》脇《わき》俊《しゅん》介《すけ》

発行所　財団法人　東京大学出版会
代 表 者　長谷川寿一
113-8654 東京都文京区本郷7-3-1 東大構内
http://www.utp.or.jp/
電話 03-3811-8814　Fax 03-3812-6958
振替 00160-6-59964

組　版　有限会社プログレス
印刷所　株式会社ヒライ
製本所　牧製本印刷株式会社

ISBN 978-4-13-010118-9　Printed in Japan

著者略歴
1954 年　北海道生まれ
東京大学大学院人文科学研究科博士課程修了
山形大学を経て，東京大学大学院総合文化研究科教授，哲学
2010 年　逝去

主要著書
『現代哲学』（産業図書，1996）
『理由の空間の現象学』（創文社，2002）
『フッサール：心は世界にどうつながっているのか』（NHK 出版，2004）
『現代哲学の戦略：反自然主義のもう一つ別の可能性』（岩波書店，2007）
『『存在と時間』の哲学Ⅰ』（産業図書，2008）
『ハイデガーと認知科学』（共編，産業図書，2002）
M・E・ブラットマン『意図と行為：合理性，計画，実践的推論』（共訳，産業図書，1994）
H・L・ドレイファス『世界内存在：『存在と時間』における日常性の解釈学』（監訳，産業図書，2000）
M・ハイデッガー『アリストテレスの現象学的解釈／現象学的研究入門』（共訳，創文社，2009）
P・ストローソン他『自由と行為の哲学』（共編・監修，春秋社，2010）

人名索引

事項索引

あ 行

か 行

さ　行

た　行

な　行

は　行

ま　行

や　行

ら　行

アルファベット

凡例と文献

公刊されたハイデガーの著作

引用にさいしては，以下の略符号とページ数によって示す.

NI: *Nietzsche I,* 3te. Aufl. (Pfullingen: Verlag Günter Neske, 1961).

NII: *Nietzsche II,* 3te. Aufl. (Pfullingen: Verlag Günter Neske, 1961).

EM: *Einführung in die Metaphysik,* 3te. Aufl. (Tübingen : Max Niemeyer Verlag, 1966).

WM: *Wegmarken* (Frankfurt am Main: Vittorio Klostermann, 1967).

SZ: *Sein und Zeit,* 12te. Aufl. (Tübingen: Max Niemeyer Verlag, 1972).

HW: *Holzwege,* 5te. Aufl. (Frankfurt am Main: Vittorio Klostermann, 1972).

KM: *Kant und das Problem der Metaphysik,* 4te. Aufl. (Frankfurt am Main: Vittorio Klostermann, 1973).

VA: *Vorträge und Aufsätze,* 4te. Aufl. (Pfullingen: Verlag Günter Neske, 1978).

ハイデガーの全集においてのみ読むことのできる著作

引用にさいしては，Vittorio Klostermann 社のハイデガー全集を HGA と略し，その後に巻数と題名，ページ数を記す.

HGA Bd. 2, *Sein und Zeit.*

HGA Bd. 19, *Platon: Sophistes.*

HGA Bd. 20, *Prolegomena zur Geschichte des Zeitbegriffs.*

HGA Bd. 24, *Die Grundprobleme der Phänomenologie.*

HGA Bd. 25, *Phänomenologische Interpretation von Kants Kritik der reinen Vernunft.*

HGA Bd. 40, *Einführung in die Metaphysik.*

HGA Bd. 61, *Phänomenologische Interpretationen zu Aristoteles/ Einführung in die phänomenologische Forschung.*

HGA Bd. 63, *Ontologie: Hermeneutik der Faktizität.*

その他ハイデガー以外の著者の文献

Agre, Philip E. *Computation and Human Experience*. Cambridge: Cambridge University Press, 1997.

Agre, Philip E., and Chapman, David. "What Are Plans for?" In *Designing Autonomous Agents: Theory and Practice from Biology to Engineering and Back*, edited by Pattie Maes, 17-34. Cambridge, MA: The MIT Press, 1990.

Anscombe, G. E. M. *Intention*. 2nd ed. Oxford: Basil Blackwell, 1979.

Aristoteles. *Metaphysica*.

アリストテレス,(加藤信朗訳)『ニコマコス倫理学』(アリストテレス全集 13, 岩波書店, 1973 年).

Bechtel, William. "Representations and Cognitive Explanations: Assessing the Dynamicist's Challenge in Cognitive Science." *Cognitive Science* 22, no. 3 (July-September 1998) : 295-318.

Blattner, William. *Heidegger's Temporal Idealism*. Cambridge: Cambridge University Press, 1999.

――――. *Heidegger's Being and Time*. New York and London : Continuum, 2006.

Brandom, Robert B. "Heidegger's Categories in *Being and Time*." In *Heidegger: A Critical Reader*, edited by Hubert L. Dreyfus and Harrison Hall, 45-64. Oxford UK & Cambridge USA: Blackwell, 1992.

Bratman, Michael E. *Intention, Plans, and Practical Reason*. Cambridge MA: Harvard University Press, 1994.

Carman, Taylor. *Heidegger's Analytic*. Cambridge: Cambridge University Press, 2003.

Carnap, Rudolf. *Der logische Aufbau der Welt*. 2te. Aufl. Hamburg: Felix Meiner, 1961.

――――. "Überwindung der Metaphysik durch logische Analyse der Sprache." *Erkenntnis* 2, no. 1 (1931) : 219-241.

Cassirer, Ernst. *Philosophie der symbolischen Formen*, 3. Teil. 2. Aufl. Darmstadt: Wissenschaftliche Buchgesellschaft, 1982.

Castañeda, Hector-Neri. *Thinking and Doing*. Dordrecht, London: Reidel, 1982.

Chisholm, Roderick M. *Perceiving*. Ithaca: Cornell University Press, 1957.

チザム, R・M,(中堀誠二訳)『人と対象』(みすず書房, 1991 年).

Clark, Andy. *Being There: Putting Brain, Body, and World Together Again*. Cambridge MA: The MIT Press, 1997.

————. *Mindware: An Introduction to the Philosophy of Cognitive Science*. Oxford: Oxford University Press, 2001.

————. "Visual Experience and Motor Action: Are the Bonds Too Tight?" *The Philosophical Review* 110, no. 4 (October 2001) : 495–519. [(吉田めぐ美訳)「視覚経験と運動行為」『現代思想』(2005 年 2 月号).]

Clark, Andy, and Toribio, Josefa. "Doing without Representing?" *Synthese* 101, no. 3 (December 1994) : 401–431. [(金杉武司訳)「表象なしでやれるのか？」門脇俊介・信原幸弘編『ハイデガーと認知科学』(産業図書, 2000 年).]

Crane, Tim. "The Nonconceptual Content of Experience." In *The Contents of Experience*, edited by Tim Crane, 136–157. Cambridge: Cambridge University Press, 1992.

Davidson, Donald. *Essays on Actions and Events*. Oxford: Clarendon Press, 1982.

Derrida, Jacques. "La forme et le vouloir-dire." In *Marges de la philosophie*, 185–208. Paris: Éditions de Minuit, 1972.

————. *La voix et le phénomène*. 3e édition. Paris: Presses universitaires de France, 1976.

Dourish, Paul. *Where the Action Is: The Foundations of Embodied Interaction*. Cambridge MA: The MIT Press, 2001.

Dreyfus, Hubert L. *What Computers Can't Do: The Limits of Artificial Intelligence*. New York: Harper & Row, 1972. [(黒崎政男・村若修訳)『コンピュータには何ができないか——哲学的人工知能批判』(原著第二版に基づく, 産業図書, 1992 年).]

————. *Being-in-the-World: A Commentary on Heidegger's Being and Time, Division I*. Cambridge, Massachusetts: The MIT Press, 1991. [(門脇俊介監訳)『世界内存在——『存在と時間』における日常性の解釈学』(産業図書, 2000 年).]

————. *What Computers Still Can't Do: A Critique of Artificial Reason*. Cambridge MA: The MIT Press, 1992.

————. "Heidegger's Critique of the Husserl/Searle Account of Intentionality." In *Dasein, Authenticity, and Death*, vol. 1 of *Heidegger reexamined*, edited by Hubert L. Dreyfus and Mark Wrathall, 135–156.

New York: Routledge, 2002.（あるいは *Social Research* 60, no. 1（Spring 1993）: 17–38.）

————. “Overcoming the Myth of the Mental: How Philosophers Can Profit from the Phenomenology of Everyday Expertise.”（APA Pacific Division Presidential Address 2005）*Proceedings and Addresses of the American Philosophical Association* 79, no. 2（November 2005）: 47–65.

Dreyfus, Hubert L., and Dreyfus, Stuart E. *Mind Over Machine: The Power of Human Intuition and Expertise in the Era of the Computer.* New York: The Free Press, 1986.［（椋田直子訳）『純粋人工知能批判——コンピュータは思考を獲得できるか』（アスキー，1987 年）.］

Foder, Jerry F. *The Language of Thought.* Cambridge MA: Harvard University Press, 1975.

Føllesdall, Dagfinn. “Husserl and Heidegger on the Role of Actions in the Constitution of the World.” In *Essays in Honour of Jaakko Hintikka*, edited by E. Saarinen et al., 365–378. Dordrecht Holland: Reidel Publ. Comp, 1979.

Friedman, Michael. *Reconsidering Logical Positivism.* Cambridge: Cambridge University Press, 1999.

————. *A Parting of the Ways: Carnap, Cassirer, and Heidegger.* Chicago and La Salle: Open Court, 2000.

————. *Dynamics of Reason.* Stanford: CSLI Publications, 2001.

Grice, H. Paul. “Intention and Uncertainty.” *Proceedings of the British Academy* 57（1971）: 263–279.

Guignon, Charles B. “On Saving Heidegger From Rorty.” *Philosophy and Phenomenological Research* 46, no. 3（March 1986）: 401–417.

Hampshire, Stuart. *Thought and Action.* Notre Dame, Indiana: University of Notre Dame Press, 1982.

Haugeland, John, “Dasein's Disclosedness.” In *Heidegger: A Critical Reader*, edited by Hubert L. Dreyfus and Harrison Hall, 27–44. Oxford UK & Cambridge USA: Blackwell, 1992.

Husserl, Edmund. *Ideen zu einer reinen Phänomenologie und phänomenologischen Philosophie 2. Buch*, Husseiana Bd. IV. Den Haag: Martinus Nijhoff, 1969.

————. *Die Krisis der europäischen Wissenschaften und die transzendentale Phänomenologie*, Husserliana Bd. VI. Den Haag:

Martinus Nijhoff, 1976.
門脇俊介,「志向性について」日本哲学会編『哲学』第31号（1981年）.
――――,「現象学における「動機づけ」の概念」『山形大学紀要（人文科学）』第11巻第2号（1987年）.
――――,「意志の変容――ハイデガーの行為論（一）」『山形大学紀要（人文科学）』第11巻第4号（1989年）.
――――,「ハイデガーと志向性――現象学的行為論のための一章」『情況』1992年9月号別冊.
――――,『理由の空間の現象学――表象的志向性批判』（創文社，2002年）.
――――,「存在論・プラグマティズム・テクノロジー」『思想』No. 974（2005年6月号）.
――――,「知覚経験の規範性」『哲学雑誌』第792号（2005年）.
――――,『現代哲学の戦略――反自然主義のもう一つ別の可能性』（岩波書店，2006年）.
――――,『『存在と時間』の哲学　1』（産業図書，2008年）.
門脇俊介・信原幸弘編,『ハイデガーと認知科学』（産業図書，2002年）.
金子邦彦,『生命とは何か――複雑系生命論序説』（東京大学出版会，2003年）.
Kant, Immanuel. *Kritik der reinen Vernunft*, hrsg. von R. Schmidt. Hamburg: Felix Meiner Verlag, 1971.
カウフマン，S,（米沢富美子監訳）『自己組織化と進化の論理』（日本経済新聞社，1999年）.
黒田亘,『知識と行為』（東京大学出版会，1983年）.
Lafont, Christina. *Heidegger, Language, and World-disclosure*. Cambridge: Cambridge University Press, 2000.
McDowell, John. *Mind, Value, and Reality*. Cambridge MA: Harvard University Press, 1998.
――――. "What Myth?" *Inquiry* 50, no. 4（August 2007）: 338–351.
Milner, A. David, and Goodale, Melvyn A. *The Visual Brain in Action*. Oxford: Oxford University Press, 1995.
Murata, Junichi, "Perception and Action ―― Unity and Disunity of our Perceptual Experience." *Proceedings of 2nd International Conference of PEACE: What is Experience ―― Perception, Science, and Life-World*（The University of Tokyo, Center for Philosophy（UTCP））（2006）:

122–133.
Nagel, Thomas. *Other Minds: Critical Essays 1969–1994*. Oxford: Oxford University Press, 1995.
——————. *The Last Word*. Oxford: Oxford University Press, 1997.
ニーチェ，F.（原佑訳）『権力への意志　下』（ちくま学芸文庫ニーチェ全集 13，1993 年）断片番号五一五.
Noë, Alva. *Action in Perception*. Cambridge MA: The MIT Press, 2004.
Okrent, Mark. *Heidegger's Pragmatism: Understanding, Being, and the Critique of Metaphysics*, Ithaca: Cornell University Press, 1988.
Preston, Beth. "Heidegger and Artificial Intelligence." *Philosophy and Phenomenological Research* 53, no. 1 (March 1993) : 43–69.
Reichenbach, Hans. *Relativitätstheorie und Erkenntnis a priori*. Berlin: Springer, 1920.
Rorty, Richard. "Overcoming the Tradition: Heidegger and Dewey." *Review of Metaphysics* 30, no. 2 (December 1976) : 280–305.
——————. *Philosophy and the Mirror of Nature*. Princeton: Princeton University Press, 1979.
——————. *Contingency, Irony, and Solidarity*. Cambridge: Cambridge University Press, 1989.
——————. *Essays on Heidegger and Others*. Vol. 2 of *Philosophical Papers*. Cambridge: Cambridge University Press, 1991.
Ryle, Gilbert. "Heidegger's 'Sein und Zeit'." *Mind* 38, (1929) : 355–370. Reprinted in vol. 1 of *Collected Papers*, 197–214, Bristol : Thoemmes, 1990.
——————. *The Concept of Mind*. London: Hutchinson, 1949.
——————. "Phenomenology versus 'The Concept of Mind'." In vol. 1 of *Collected Papers*, 179–196. Bristol: Thoemmes, 1990.
坂村健，『Tron Design 1980–1999』（パーソナルメディア，1999 年）.
——————．『ユビキタス・コンピュータ革命——次世代社会の世界標準』（角川書店，2002 年）.
『思想』No. 1011（2008 年 7 月号）特集「ジョン・マクダウェル——徳倫理学再考」.
Sluga, Hans. "Review of *A Parting of the Ways: Carnap, Cassirer, and Heidegger*, by Michael Friedman." *The Journal of Philosophy* 98 (2001): 601–611.

サッチマン，L・A.（佐伯胖監訳）『プランと状況的行為——人間－機械コミュニケーションの可能性』（産業図書，1999 年）.

Taylor, Charles. "Action as Expression." In *Intention and Inentionality : Esssays in Honour of G. E. M. Anscombe*, edited by Cora Diamond and Jenny Teichman, 73-89. Brighton: The Harvester Press, 1979.

——. "Engaged Agency and Background in Heidegger." In *The Cambridge Companion to Heidegger*, edited by Charles Guignon, 317-336. Cambridge: Cambridge University Press. 1993.

Tugendhat, Ernst. *Vorlesungen zur Einführung in die sprachanalytische Philosophie*. Frankfurt: Suhrkamp Verlag, 1976.

——. *Philosophische Aufsätze*. Frankfurt: Suhrkamp Verlag, 1992.

Tugendhat, Ernst, and Wolf, Ursula. *Logisch-semantische Propädeutik*. Stuttgart: Philipp Reclam jun., 1989.

Van Gelder, Tim. "What Might Cognition Be, If Not Computation?" *The Journal of Philosophy* 92, no. 7 (July 1995) : 345-381. [（中村雅之訳）「認知は計算でないとすれば，何だろうか」門脇俊介・信原幸弘編『ハイデガーと認知科学』（産業図書，2002 年）.]

渡邊二郎，「『存在と時間（有と時）』から後期ハイデッガー哲学へ——ハイデッガー全集第 40 巻『形而上学入門』（岩田靖夫訳）を読んで」『創文』No. 424（2000 年）.

Weiser, Mark. "The Computer for the 21st Century." *Scientific American* 265, no. 3 (1991) : 94-104.

——. "The World is not a Desktop." *Interactions* (January 1994) : 7-8. http://www.ubiq.com/hypertext/weiser/ACMInteractions2.html (accessed April 30, 2005).

Weiser, Mark, and Brown, John Seely. "Designing Calm Technology." Xerox PARC, December 21, 1995. http://www.ubiq.com/hypertext/weiser/calmtech/calmtech.htm (accessed April 30, 2005).

Weiskrantz, Lawrence, *Consciousness Lost and Found*. Oxford: Oxford University Press, 1997.

Wheeler, Michael. *Reconstructing the Cognitive World*. Cambridge MA: The MIT Press, 2005.

Williams, Bernard. *Ethics and the Limits of Philosophy*. Cambridge MA: Harvard University Press, 1985.

Winograd, Terry. "Heidegger and the Design of Computer Systems." In

Technology and the Politics of Knowledge, edited by Andrew Feenberg and Alastair Hannay, 108–127. Bloomington and Indianapolis: Indiana University Press, 1995.

Winograd, Terry, and Flores, Fernando. *Understanding Computers and Cognition: A New Foundation for Design*. Norwood, N. J. : Ablex, 1986. Paperback issued by Addison-Wesley, 1987. [(平賀譲訳)『コンピュータと認知を理解する——人工知能の限界と新しい設計理念』(産業図書, 1989 年).]

Wrathall, Mark. *How to Read Heidegger*. London: Granta Books, 2005.

初出一覧

第Ⅰ部

第1章：「言葉をめぐって——存在論と，哲学の新しいボキャブラリー」大橋良介編『ハイデッガーを学ぶ人のために』（世界思想社，1994年）168-185.

第2章：「存在の物語，志向性の物語——『存在と時間』の二つの顔」『理想』No. 650（1992年）65-74.

第Ⅱ部

第3章：「序論」門脇俊介・信原幸弘編『ハイデガーと認知科学』（産業図書，2002年）1-10.

第4章：当初20世紀COE「共生のための国際哲学交流センター（UTCP）」の創設シンポジウム「Redefining Philosophy」（2002年3月）において，"Heidegger and Representationalism"という題目で一部が読み上げられた．その後，次に拡大された日本語版が収められた．「ハイデッガーと表象主義」秋富克也・関口浩・的場哲朗編『ハイデッガー『存在と時間』の現在』（南窓社，2007年）153-169.

第5章：最初の粗いアイデアは，東京大学情報学環とUTCP共催のCOEシンポジウム「ユビキタスを哲学する」で発表され，さらに英語版"Ontology and Technology of the Invisible"が，アメリカ哲学会太平洋支部（APA Pacific Division）大会（2008年3月）にて読み上げられた．日本語版は，次に加筆訂正を施して所収．「見えないことの存在論とテクノロジー」坂村健編『ユビキタスでつくる情報社会基盤』（東京大学出版会，2006年）213-224.

第6章：「詩作する理性——『ニーチェ』講義の一節を巡って」『理想』No. 626（1985年）205-215.

第Ⅲ部

第7章：最初の原稿は，哲学会第28回研究発表大会のシンポジウム「フッサールとハイデガー——現象学的哲学の課題」（1989年11月）で読み上げられ，その後，次に所収．「フッサールとハイデガー，あるいは知と行

為」哲学会編『哲学雑誌』No. 777（1990 年）143-162.

第 8 章：最初の原稿は，“Heidegger and McDowell on Virtue” の題目で，香港中文大学で開催された国際会議 Philia and Sophia : 10 Years of Phenomenology in Hong Kong” で読まれ，その後，次に加筆訂正を施した日本語版を所収.「徳（virtue）をめぐって――ハイデガーとマクダウェル」『思想』No. 1011（2008 年）97-109.

第 9 章：「行為とはなにか――分析的行為論と現象学の交錯点から」岩波講座哲学 06『モラル／行為の哲学』（岩波書店，2008 年）37-55.

第Ⅳ部

第 10 章：最初の原稿は，哲学史研究会（神戸市立外国語大学）（2002 年 3 月）において読み上げられた.「ハイデガーと分析哲学」（未公刊）.

第 11 章：「アメリカのハイデガー／ドレイファスのハイデガー論」（解説），ヒューバート・ドレイファス（門脇俊介監訳）『世界内存在――『存在と時間』における日常性の解釈学』（産業図書，2000 年），345-356.